スタートアップ企業の
税金ToDoリスト

税理士
油谷景子 著
Keiko Abutani

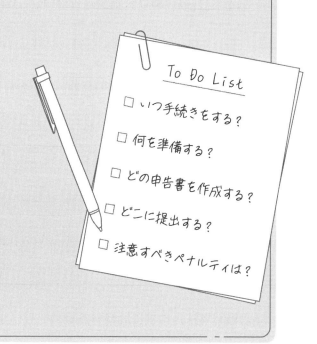

To Do List

☐ いつ手続きをする？

☐ 何を準備する？

☐ どの申告書を作成する？

☐ どこに提出する？

☐ 注意すべきペナルティは？

中央経済社

はじめに

スタートアップ企業のリアルな現場

「法人を設立したけど，何をしていいかわかりません。」

「税務署から封筒が届きました。どうしたらいいですか？」

不安を抱えた経営者からこのようなお問い合わせがよく届きます。

スタートアップ企業の経営者や経理責任者をはじめ，スタートアップを支援する人たちも，税金の知識はあったほうがよい。そんな思いから，私の税理士事務所ではスタートアップ企業を中心とする新規クライアント向けにオリエンテーションを実施しています。

そこでは，税務を中心とする１年間の業務フローや，ペナルティを払うことがないように知っておいてほしい税務上の重要なポイントなどを説明しています。

本書ではそのオリエンテーションを再現し，スタートアップ経営者が最初に押さえておきたい税務上の重要ポイントを解説しています。特に，知らずに犯してしまいがちなコンプライアンス違反を防止し，延滞税などの税金を納めることがないように，留意すべき項目を重点的にとりあげています。

経営者は忙しい。学ぶ時間がない！！

「節税」はあちこちで話題にあがりますが，税の専門家からみれば実際には節税といえるのか疑問がある内容も少なくありません。しかし，そのような節税策を信じて，最後に責任を取るのは誰でしょうか。

そう，経営者です。もし節税ではなく脱税になってしまった場合，その金額によっては，法人経営，さらには経営者の人生にさえ，大きな影響を及ぼします。

税金の知識が必要だと感じているけれど，時間がない。売上が一番大事。だから，営業，商談，マーケティング，開発に注力しなければならないことはよくわかります。スタートアップ企業がやることはたくさんあり，時間にも資

金にも限りがあります。

　そこで，本書では実務で役立つ「ToDoチェックリスト」を掲載し，届出や手続きの流れが一覧で確認できるように工夫しています。そうすることによりポイントを押さえて，経営に必要な税金の知識を学べるようにしています。

スタートアップ企業を取り巻く環境

　政府は2022年をスタートアップ創出元年として位置づけ，スタートアップへの投資を 5 年で10倍増を視野に，同年11月に「スタートアップ育成 5 か年計画」を策定しました。

　政府の方針はさまざまな政策や税制に影響を与えますが，政府がスタートアップを日本経済の発展や社会課題解決のための重要な支援すべき対象として位置づけていることは，追い風といえるでしょう。

　本書が皆さまの経営やビジネスにお役に立つことができれば，筆者としては嬉しい限りです。

スタートアップ・中小企業を支援する

税理士　油谷　景子

＊本書の内容は，2023年10月 1 日現在の法令等によっています。

本書の読者対象

　本書は，起業して 3 年以内のスタートアップ企業を想定し，法人設立前後から 2 年目以降の税務上のポイントを解説しています。しかし，その内容の多くはベンチャー企業や中小企業にも共通する内容です。

　そこで，本書の読者対象は次のとおりです。
- スタートアップ企業の経営者
- スタートアップ企業のマネジメントや経理責任者・経理担当者等
- ベンチャー企業・中小企業の経営者，経理責任者や経理担当者等
- 2，3 代目等の事業後継者
- スタートアップ企業支援者（士業等），税理士事務所の新人スタッフ等

　このようなスタートアップ企業に関わる多くの方に，税金の知識を身につけ，経営に活かしていただきたいと思っています。

　なお，経営者の方々には経営に携わる早い段階で，法人の税金についての概要や重要点を知っていただきたいと考えています。
　また，法人を設立する際，専門家に相談するタイミングとして大きく 4 つの段階があります。
　　第 1 段階：設立する前
　　第 2 段階：設立してから各種の届出をする前
　　第 3 段階：設立して各種の届出をした後
　　第 4 段階：決算直前（前後）
　このうち，「設立する前」の相談が，後々損しないためのポイントとなります。すでに設立後であれば，できるだけ早い段階で相談できるとよいでしょう。

本書の読み方

　本書の目次は，1年間の流れに基づいた構成になっています。また，実務で役立つ「ToDoチェックリスト」を載せ，全体の流れを見通し，すぐに役立つように工夫しました。

　スタートアップ経営者がよく疑問に思うポイントは，スズキ社長とケイコ税理士の2人のやりとりで場面をイメージできるようにしています。

イラスト：筆者作成

〈登場人物〉

スズキ社長

IT会社「株式会社DXコネクトサービス」を設立した，
自信とエネルギー溢れる20代若手経営者。
やる気十分だが，会計と税務は苦手。

ケイコ税理士

「日本の企業の99％は中小企業，そこで働く人は70％以上，
だからこそ」をモットーにスタートアップ・中小企業を支援する税理士。

　スタートアップ企業を創業したスズキ社長が，徐々に税金の知識をつけて，成長していくストーリーです。まずは本書全体を一読して全体像をつかむとよいでしょう。

　そして，自社のステージに合わせてじっくりと各章を読み返してみてください。特に第2章からは事業2年目以降にも共通する内容なので，ハンドブックとして手元に置いてご活用ください。

目　　次

第 1 章

スタートアップ企業
設立前＆設立後のToDo

会社を設立するスズキ社長，
新たな一歩のスタートです。

まずは，定款の作成や登記申請から始めましょう！
設立登記が完了したら，税務署等への届出等を行います。
一歩ずつ，一歩ずつ

■ 法人設立「前」のToDoチェックリスト ■

No	全体フロー	✓
1	事業計画書を作成	
2	会社形態を決定	
3	定款記載事項・登記事項を決定し，定款を作成（下表もチェック）	
4	登記申請等に必要な書類を準備	
5	法人印鑑を準備	
6	定款認証（合同会社は不要）	
7	資本金を払い込む	
8	法務局へ登記申請	

No	定款作成・登記時の留意点	✓
1	自社に適した会社形態を選択したか？	
2	本店所在地にビル名や部屋番号を含めるか否かを検討したか？	
3	事業目的の変更時には登記変更の費用がかかることを考慮したか？	
4	信用力等の影響を考慮して資本金額を決定したか？	
5	資本金額の税金への影響は理解したか？	
6	発行可能株式総数は今後，増資する際に変更登記が必要とならないよう余裕をもって設定したか？	
7	1株当たりの資本金の額は適切か検討したか？	
8	株式の譲渡制限に関する規定を確認したか？	
9	役員の任期は役員の構成に応じて適した期間か？	
10	決算日は繁忙期等を考慮したか？	

■ 法人設立「後」の To Do チェックリスト ■

No	届出関係のタスク	期　限	✓
1	登記簿謄本取得		
2	印鑑証明書取得		
3	法人番号公表サイトで法人番号の確認		
4	【税務署】法人設立届出書の提出	設立後 2 ヵ月以内	
5	【税務署】青色申告の承認申請書	設立後 3 ヵ月と 1 期終了の早い日の前日	
6	【税務署】給与支払事務所等の開設届	開設後 1 ヵ月以内	
7	【税務署】源泉所得税の納期の特例の承認に関する申請書（適用を受ける場合）	申請日の翌々月の納付分から適用	
8	【税務署】その他該当する届出書（P16）		
9	【都道府県税事務所】法人設立届出書	地方公共団体による	
10	【都道府県税事務所】期限延長申請書	地方公共団体による	
11	【市区町村役所】法人設立届出書	地方公共団体による	
12	【事務センター or 年金事務所】新規適用届	設立後 5 日以内	
13	【事務センター or 年金事務所】被保険者資格取得届	加入事実発生日後 5 日以内	
14	【労働基準監督署】労働保険関係成立届等 (P19)	労働保険関係成立後 10 日以内　他	
15	許認可の手続き（必要に応じて）	監督官庁確認	

No	その他のタスク（必要に応じて）	✓
1	オフィスの契約	
2	資金調達	
3	ドメイン取得，ホームページ作成	
4	ロゴ作成・ブランドカラーの決定，名刺作成	
5	法人口座の開設（できる限り早く），法人用クレジットカードの作成	
6	会計ソフトの導入	

1 法人設立前に知っておきたいポイント

スズキ社長

先生！スタートアップの設立について調べてみましたが，よくわかりません…いろいろ教えてもらえますか？

ケイコ税理士

はい，もちろん。
いいタイミングで相談に来てくれましたね。
まずは，法人設立の流れを説明します。

1-1 どんな流れ？ 法人設立の手順

では，法人を設立する際，どのような手順で進めるとよいでしょうか。「法人設立前のToDoチェックリスト」と合わせて確認しましょう。

手順① **事業計画書を作成する**

事業計画をしっかり文章化しておきましょう。

手順② **会社形態を決定する**

設立に係る費用以外にも相違点を理解して，適した会社形態を選択しましょう。法人設立時によく検討されるのは「株式会社」と「合同会社」です。

Q&A　株式会社・合同会社・個人事業の違いって何？

	株式会社	合同会社	（参考）個人事業
出資者責任	有限責任	有限責任	－
出資者名称	株主	社員	－
利益配分	出資比率	任意に決定	－
登記	必要	必要	不要
設立費用 登録免許税は資本金の1,000分の7	目安　約25万円～ 定款認証　　5万円 登録免許税 15万円	目安　約10万円～ 定款認証　　不要 登録免許税 6万円	不要（ゼロ）
決算公告	必要	不要	不要
株式公開	可能	不可	－
信用力	高い	やや低い	低い
役員任期	最長10年	任期なし	－
損益通算	制限なし	制限なし	制限あり
欠損金	（青色）10年繰越	（青色）10年繰越	（青色）3年繰越
用いられるケース	取引上信用力が必要な場合，事業拡大予定の場合等	個人事業からの法人化，家族経営等の小規模経営，取引上問題がない場合等	開業数年未満，事業拡大予定がない，対外取引上個人事業でも問題ない場合等

なお，この他，合名会社，合資会社などの会社形態があります。

手順③　定款記載事項・登記事項を決定し，定款を作成する

　法人設立にあたっては定款の作成や登記が必要になります（第2節参照）。

 Q&A　定款って何？

　定款は，会社の商号（名称）や会社がどんな事業を営むのか（目的）など，会社の組織や運営に関するルールが記載された書類やデータのことをいいます。

手順④ 必要書類，法人印鑑を準備する

　必要な印鑑は会社印（実印・代表印），銀行印，角印が必要です。ゴム印もあると便利です。時間にゆとりをもって準備しましょう。

手順⑤ 定款の認証を行う

　合同会社等は，定款の認証は不要です。定款認証は公証人役場に事前予約をして手続きします。

手順⑥ 資本金を払い込む

　法人口座はまだないため，個人の口座へ振り込みます。

手順⑦ 法務局へ登記申請する

　登記完了までの目安は，おおむね3業務日から1週間です。ゆとりをもって1週間程度と考えておきましょう。申請日＝会社の設立日となります。

手順⑧ 登記事項証明書・印鑑証明書を取得する

　登記事項証明書は，登記簿や登記簿謄本ともいわれます。記載内容に応じていくつか種類がありますが，一般的には「履歴事項全部証明書」を取得しておくと不足はありません。

Q&A 登記の相談は誰にする？

　登記の専門家は司法書士です。設立時に司法書士，税理士の3者で登記事項を確認できると理想的です。

1－2　法人設立に必要な書類等

　法人の設立にあたり必要な書類は，株式会社と合同会社によって異なります。それぞれ次のとおりです。

〈株式会社の設立に必要な書類等〉
- 発起人（株主）の印鑑証明書（3ヵ月以内）
- 発起人が法人の場合，法人の履歴事項全部証明書（3ヵ月以内）
- 取締役個人の印鑑証明書（3ヵ月以内）
- 発起人の口座に資本金相当額を入金した通帳（定款認証後）
- (監査役がいる場合) 監査役の住民票
- 設立する法人の印鑑

〈合同会社の設立に必要な書類等〉
- 合同会社の社員の印鑑証明書（3ヵ月以内）
- 合同会社の社員が法人の場合，法人の履歴事項全部証明書（3ヵ月以内）
- 職務執行者を選任する場合，職務執行者の住民票
- 社員の口座に資本金額相当額を入金した通帳（不要のケースも）
- 設立する法人の印鑑

1－3　法人化のタイミング

　まず前提として，「個人事業なのか，法人なのか」は税金だけではなく，社会保険のことや対外的なことも含め，総合的に検討する必要があります。

　一般的な法人化の目安としては，1年間の利益が300〜500万円以上になるといえるでしょう。

2 | 損しない！ 設立時の項目別ポイント

スズキ社長

事業計画書は作ったし，会社形態も決めたから…，
次は，定款記載事項と登記事項の決定ですね。
とりあえず，よくわからないけど一般的なものでいいか。

ケイコ税理士

ちょっと待って！　設立時に検討が不十分だと，後から変更登
記が必要になり，余計にコストがかかることも…。
損しないための法人設立時のポイントを解説します。

2－1　定款記載事項・登記事項を決定する

　法人の設立時に定款記載事項や登記事項をしっかり検討しておくと，将来の
登記変更費用を抑えられます。また，トラブル防止にもつながります。

　株式会社，合同会社それぞれにおける検討事項は次のとおりです。

〈株式会社の場合〉

- 商号（法人の名称）・本店所在地・公告をする方法・事業目的・資本金の額
- 発行済株式数・発行可能株式総数・株式の譲渡制限に関する規定・役員（取締役，監査役）・株主・事業年度

〈合同会社の場合〉

- 商号（法人の名称）・本店所在地・公告をする方法・事業目的・資本金の額
- 社員・業務執行社員・代表社員・事業年度

　特に押さえておくべき項目を以下にピックアップします。

2−2　「本店所在地」はビル名等まで含める必要はない！

　ビル名や室番号まで含めて登記する必要はありません。記載すれば，登記簿上で正確な本店所在地が確認できる一方，もし同じビル内で事務所を移転したり，ビル名等が変わったりした際にも変更登記が必要になり，登記費用もかかります。

2−3　「事業目的」は今後の事業展開や許認可等も考慮する！

　通常は主たる事業目的の最後に「前各号に附帯関連する一切の事業」等と定款に記載することにより，個別に記載した事業以外にも広く活動をしていると解釈されます。

　ただし，許認可事業（建設業，飲食業等）を行いたい，新規事業について金融機関から融資を受けたい，新規事業について謄本上「目的」に明記して対外的にしっかりアピールしたい場合などは，事業目的に記載されていなければ変更登記を行います。

　経営をしていく中で事業目的が変化することは当然ありますが，目的の変更は登記が必要になり，費用もかかるため，設立時点で最善の検討を行いましょう。

　なお，設立して間もないスタートアップ法人があまりにたくさん目的を記載していると，謄本を見た人は「何をしている会社なのだろう？」と法人の目的が不明瞭になるため，その点にも留意が必要です。

2−4　「資本金の額」はいくらにするかにより税金が変わる！

　2006年に施行された新会社法により，資本金1円から法人設立できるようになりましたが，以下の点を考慮して資本金額を決定します。
〈資本金額の決定で考慮すべきポイント〉
　•信用力　一般的には，資本金額が一定額以上あるほうが信用力は高い。
　•許認可　許認可が必要な事業の場合，許認可の要件を確認する。

- **融　　資**　受けられる融資金額に影響する。
- **補助金等**　受けられる補助金や助成金に影響がある場合がある。
- **税　　金**　消費税・法人住民税（地方税）・法人事業税に影響を与える。

 Q&A　資本金額によって税金はどう変わるの？

POINT ①　**資本金額は，「消費税」の納税義務あり or なしに影響する！**
事業年度開始日の資本金額が 1,000 万円未満の場合，一定の場合を除き設立事業年度と翌事業年度は消費税を納める義務はありません。一方，資本金 1,000 万円以上の場合，初年度から消費税の納税義務があります。いわゆるインボイス（適格請求書）を発行したい場合は，インボイス発行事業者の登録をし，消費税の課税事業者になる必要があります（詳細は第 2 章参照）。

POINT ②　**資本金額は，「法人住民税（地方税）」の均等割額に影響する！**
法人住民税の均等割は，事業所所在地の都道府県・市区町村に支払う税金です。赤字の場合も納める必要があり，資本金額等によって税額が変わります。
例：従業者数 50 人以下の場合（東京都。他の自治体もおおむね同程度）
資本金等の額 1,000 万円以下…均等割 70,000 円
資本金等の額 1,000 万円超 1 億円以下…均等割 180,000 円

POINT ③　**資本金 1 億円超の場合は，「法人事業税」の計算が複雑化！**
資本金 1 億円を超える法人は，法人事業税の外形標準課税の対象となり，税額の計算が複雑になります。
その他，資本金が 1 億円以下の場合，多くの税優遇策を受けることができるなどの違いがあります。

2-5　「発行可能株式総数」の数には余裕を！

「発行可能株式総数」とは，株式会社が発行することのできる株式の総数です。「発行済株式の総数」は，現時点で発行した株式の数をいいます。

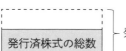

発行可能株式総数を超えて増資したい場合は，発行可能株式総数の変更登記が必要になります。スタートアップでは特に将来の会社の資本金規模を見据えて，発行可能株式総数は余裕をもって設定するとよいでしょう。

例えば1株500円，設立時の資本金額1,000万円の場合，資本金1億円までを見据えて20万株にするなど，余裕をもって発行可能株式総数を定めましょう。

 1株当たりの資本金額はいくらにする？

「1株当たりの資本金額 × 発行済株式数 ＝ 資本金額」です。

上場企業の株価はわかりやすいですが，実は非上場会社の株式もその後の業績等により株価（相続税評価額等）は変動します。

以前は1株5万円の決まりがありましたが，現在は1株何円でも構いません。将来，上場するまたは未上場のまま贈与・相続等により後継者へ引き継ぐ等によっても変わりますが，株式の移動（売却や贈与など）や増資を考えると，1株当たりの資本金額はあまり高く設定しないほうが得策です。

筆者の周りでは，1株500円，10,000円のケースが多いです。さらに細分化して1株50円のケースもあります。

2−6 「株式の譲渡制限」は非上場会社の超重要規定！

会社の株式を自由に譲渡できないように制限することを株式の譲渡制限といいます。譲渡制限の規定がある会社の株式は，自由に株式を譲渡することができず，譲渡する際には取締役会や株主総会の承認が必要になります。つまり，会社側からみれば株主を選択できます。一方，譲渡制限の定めをしない場合は，会社側で株主となる者の制限は基本的にできません。

2－7　「役員の任期」は最長10年，ベストは何年？

　取締役の任期は原則として「選任後2年以内に終了する事業年度のうち最終のものに関する定時株主総会の終結の時まで」です。簡単にいうと，取締役の任期は原則2年です。

　ただし，株式譲渡制限会社では定款に規定すれば取締役の任期は最長10年まで延長できます。役員の任期がくると，同じ人が引き続き役員になる（重任する）場合でも，登記が必要です。

　役員の任期を最長の10年にすると，役員変更登記の頻度が少なくなり費用を抑えることができます。ただし，任期の途中で役員が辞めることになる場合は留意が必要です。

　役員の申し出により辞める場合は「辞任」，株主総会や取締役会の決議により辞めさせる場合は「解任」と登記簿に記載されます。解任は一般的に良い印象を与えないためできれば避けたいものです。

　役員の構成等を考慮して，適切な任期を設定しましょう。あえて10年とはせず，5年等の任期を設定する法人もあります。

 Q&A　役員の変更登記はいくらかかる？

　　　　　資本金額1億円以下の法人の場合，役員変更登記の登録免許税は1件につき1万円，資本金額1億円超の法人は1件につき3万円です。

2－8　「事業年度」は決算日に気をつけよう！

　日本では，法人は事業年度（決算日）を自由に決めることができます。

　また，原則として，決算日から2ヵ月後が法人税，消費税等の税務申告と納付の期限です。そのため，自社の繁忙期と決算や申告が重ならないように決算日を設定しましょう。

　また，季節等により売上に大きな変動がある場合，売上が増える時期を決算月や決算直前の月とすると，その年度の最終利益の予測が立てづらくなるため

避けたほうがよいでしょう。

■ **決算日と税務申告・納付のスケジュール（3 月決算の場合）**

※申告期限の延長を　　　決算日　　　　　　税務申告・納付
　しない場合

Column　「以下」と「未満」の違いは？

　「以下」はその数字を含み，「未満」はその数字を含みません。

　たとえば，「1,000万円以下」というと1,000万円も含み，「1,000万円未満」は1,000万円を含みません。

　同様に，「以上」はその数字を含み，「超」はその数字を含みません。

　たとえば，「1,000万円以上」というと1,000万円も含み，「1,000万円超」は1,000万円を含みません。

　日常では意識しないかもしれませんが，重要な違いです。しっかり覚えておきましょう。

3 設立したら「いつ」までに「何」を「どこ」に提出する？

スズキ社長

法人設立登記が終わったら，税務署に何か届出をしないと
いけないですか？

ケイコ税理士

はい，法人設立後は，期限までに届出が必要です！
「青色申告承認申請書」は期限までに提出しないと初年度から
青色申告ができなくなるため注意します。

3－1　各種届出書を作成する前の準備

準備 1　登記簿謄本・印鑑証明書を取得する

　登記簿謄本と印鑑証明書を取得するには，法務局の窓口で取得する方法とインターネットで交付請求する方法があります。インターネットの場合，窓口よりも手数料が安くなります。

準備 2　届出書に記載する「法人番号」を確認する

　法人番号とは，2013年に成立した「行政手続における特定の個人を識別するための番号の利用等に関する法律」（いわゆる番号法）に基づき，法人に指定される番号です。

　指定後，「法人番号」が通知され，「法人基本3情報」である①商号または名称，②本店または主たる事務所の所在地，③法人番号が公表されます。

　マイナンバー（個人番号）とは違い，法人番号は利用範囲の制約がなく，誰でも自由に「国税庁法人番号公表サイト」で検索できます。

3 - 2　設立後に必要な「税務関係」の届出

　法人設立後は，期日までに税務関係の各種届出書や申請書の提出が必要です。必須の届出書等と状況に応じて提出する届出書等の 2 つのケースがあります。

　また，これら書類の提出先は，①税務署と②都道府県税事務所・市区町村役所に大きく分けられます。

　なお，受付印が押印された控え（電子申告の場合は受信通知）を必ず保管しましょう。

 Q&A　「電子申告」って何？

国税庁が運営する国税電子申告・納税システム「e - Tax（イータックス）」を利用して申告することです。地方税は地方税ポータルシステム「eLTAX（エルタックス）」で電子申告できます。

届出 1　税務署へ提出する書類

　法人設立後，下記の書類をそれぞれの提出期限までに管轄の税務署へ提出します。管轄の税務署は国税庁ウェブサイトで確認します。

（☆：必要に応じて提出）

提出書類名	提出期限
法人設立届出書	設立の日（設立登記の日）以後 2 ヵ月以内。定款の写しを添付
青色申告の承認申請書 （青色申告をするために提出する申請書）	①設立の日以後 3 ヵ月を経過した日と②設立第 1 期の事業年度終了の日とのうち，いずれか早い日の前日まで 例：10月10日設立，3 月決算法人 → 　　①と②の早い方 ＝ 1 月10日が期限 10月10日　　　1 月10日　　　3 月31日 設立　　　①3 ヵ月　　②事業年度 　　　　　経過日　　終了の日

16

給与支払事務所等の開設・移転・廃止届出書	開設,移転,廃止の事実があった日から1ヵ月以内
☆源泉所得税の納期の特例の承認に関する申請書※1	申請日の翌々月の納付分から適用
☆事前確定届出給与に関する届出書（役員賞与の届出書）	設立の日以後2ヵ月を経過する日まで
☆減価償却資産の償却方法の届出書（減価償却方法の届出書）	設立第1期の確定申告書の提出期限まで（仮決算をした場合の中間申告書を提出する場合は,その申告書の提出期限まで）
☆棚卸資産の評価方法の届出書（商品などの在庫の評価方法の届出書）	
☆有価証券の一単位当たりの帳簿価額の算出方法の届出書	有価証券を取得した日の属する事業年度の確定申告書の提出期限まで
☆定款の定め等による申告期限の延長の特例の申請書※2	最初に適用を受けようとする事業年度終了の日まで
☆消費税の新設法人に該当する旨の届出書	速やかに
☆消費税簡易課税制度選択届出書	設立時より選択する場合は,設立日の属する課税期間中
☆消費税課税事業者選択届出書	
☆適格請求書発行事業者の登録申請書	※3

※1 法人は源泉徴収義務があり,法人が給与等を支払う際は所得税を徴収しなければなりません。支払時に所得税を差し引くことを源泉徴収といい,源泉徴収した所得税は原則として支払月の翌月10日までに納付が必要です。ただし,給与の支払対象者が常時10人未満の場合は,給与や税理士等の報酬に対する源泉税について,申請書を提出すると半年ごとの納付にすることができ,事務負担を軽減できます。

※2 定款で定時株主総会を事業年度終了後3ヵ月以内に開催する等としている場合,申請書を提出することにより申告期限の延長ができます。なお,申告期限を延長しても納付期限は延長されないので留意が必要です（詳細は第5章参照）。

※3 初年度からインボイスを発行したい場合,最初の課税期間の末日（通常は事業年度終了日）までに「適格請求書発行事業者の登録申請書」を提出して登録された時は,設立日に登録を受けたものとみなされます。なお,郵送で申請する場合の提出先は,各局（所）インボイス登録センターのため注意しましょう。

Q&A　**期日までに申請書を提出して「青色申告」のメリットを受けるには？**

「青色申告制度」とは，青色申告の承認申請書を管轄の税務署長に提出し承認を受け，複式簿記による帳簿を備え付けることによって，税金の面でさまざまなメリットを受けることができる制度です。スタートアップの多くも青色申告をしています。

自動承認制になっており，税務署長から却下などの通知がない限り，青色申告は承認されたことになります。

＜青色申告の主なメリット＞

① 青色欠損金の繰越控除は 10 年（個人の青色申告の場合は 3 年）

② 欠損金の繰戻しによる法人税の還付を受けることができる。

③ 30 万円未満の減価償却資産は取得年度の経費にできる（第 5 章参照）。

④ 一定の資産を取得した場合の特別償却・割増償却や特別控除が適用される。

届出 2　**都道府県税事務所・市区町村役所へ提出する書類**

本店や事務所所在地の都道府県税事務所や市区町村等への届出書等の提出も必要です。提出する書類は次表のとおりです。また，提出先により提出期限等が異なるため，提出先ウェブサイトで詳細を確認しましょう。

なお，都内に本店を設立して，他に23区外に支店や営業所等がない場合，東京都の所管都税事務所のみに設立届を提出します。

■ 都道府県税事務所

提出書類名	提出期限（各自治体により異なる，下記は例示）
法人設立届出書	（東京都）事業を開始した日から 15 日以内 （愛知県）2 ヵ月以内
☆申告書の提出期限の延長の処分等の届出書・承認申請書	（東京都・愛知県等） 法人県民税：事業年度終了の日から 22 日以内 法人事業税：事業年度終了の日まで

■ 市区町村役所

提出書類名	提出期限
法人設立届出書	（大阪市）設立から2ヵ月以内 （名古屋市）新設日から30日以内

提出期限や必要な添付書類は，国税庁や各地方公共団体のウェブサイトで確認しましょう。

 Q&A 税務署・県税事務所等へ提出した「控え」を受け取るには？

■ **持ち込みの場合**
① 提出用と控用を作成します。
② 提出時に控用の書類に「受付印」をもらいます（控用には⑳控スタンプを押印するとよいでしょう）。

■ **郵送の場合**
① 持ち込みの場合と同様に，提出用と控用を作成します。
② ①に，返信用封筒（切手を貼り返送先を記載）を同封して郵送すると，後日，控えが返送されます。申告書等を郵送する場合は，必ず「信書」で提出しましょう。

■ **電子申請・届出の場合**
電子申請・届出済みの控えを保存します。「受信通知」というメールが書面提出の場合の受付印の代わりになります。

3-3 設立後に必要な「社会保険関係」の届出

法人は，社会保険とよばれる「健康保険」，「介護保険」，「厚生年金保険」に強制加入となります。スタートアップも同様に加入義務があります。

 Q&A 社会保険って何？

広い意味で社会保険は，①健康保険，②年金保険，③介護保険，④雇用保険，⑤労災保険の5つです。このうち，より狭い意味では①健康保険，②年金保険，③介護保険の3つのみを「社会保険」といい，④雇用保険と⑤労災保険を合わせて「労働保険」とよびます。

　　経理上，単に「社会保険」という時は，狭義の社会保険つまり
健康保険・年金保険・介護保険を指すことが多いです（第 4 章
参照）。

届出 1　社会保険（健康保険・年金保険）に関する書類

　法人設立後，健康保険や厚生年金保険に係る提出書類は次のとおりです。

書類名	提出先	期　限
健康保険・厚生年金保険新規適用届	事務センターまたは管轄の年金事務所	法人設立日から 5 日以内（90 日以内に発行された法人の登記簿謄本を添付）
健康保険・厚生年金保険被保険者資格取得届		加入の事実発生日から5 日以内

届出 2　労働保険に関する書類

　従業員がいる場合は，労働保険に関する手続きが必要です。提出書類は次のとおりです。なお，役員のみの場合は，この手続きは不要です。

書類名	提出先	期　限
労働保険関係成立届	所轄労働基準監督署	労働保険関係成立から 10 日以内
概算保険料申告書	所轄労働基準監督署	労働保険関係成立から 50 日以内
雇用保険適用事業所設置届	所轄公共職業安定所	雇用保険適用事業所となった日から 10 日以内
雇用保険被保険者資格取得届	所轄公共職業安定所	資格取得の事実があった日の翌月 10 日まで

Q&A　「労災保険」は誰が加入するの？

　　労災保険の加入対象は，パートやアルバイト，臨時雇いなどの雇用形態に関係なく，会社から給与の支払いを受ける「すべての人」です。

　一方で，健康保険や厚生年金，雇用保険は一定の要件を満たす人が加入するので，パートやアルバイトで健康保険の加入対象ではない人も，労災保険は加入対象となるので気をつけましょう。

３－４　建設業，宅地建物取引業，飲食業など「許認可」が必要な事業の申請

　許認可事業の場合は，手続きが必要です。要件や手続きは，許認可の種類によって大きく異なるため，許認可を監督する監督官庁へ事前に確認しましょう。

第 2 章

はじめに知っておきたい
消費税のしくみと
インボイス

いよいよ事業を本格開始する「株式会社 DX コネクトサービス」。
消費税のしくみやインボイス制度の理解も欠かせません。

■ 消費税に関するＴｏＤｏチェックリスト ■

No	消費税全般・届出	期限	✓
1	消費税の納税義務があるかを確認 （「消費税納税義務の判定フローチャート」P28 参照）	P29 参照 速やかに	
2	消費税の新設法人に該当する場合等は，消費税の新設法人に該当する旨の届出書等を提出		
3	消費税の納税義務がない場合でも，還付を受けるために課税事業者になるかを検討		
4	課税事業者を選択する場合は，「消費税課税事業者選択届出書」を提出	P26 参照	
5	課税事業者の場合，原則課税か簡易課税のどちらを選択するか検討	P31 参照	
6	簡易課税制度を選択する場合は，「消費税簡易課税制度選択届出書」を提出	P32 参照	

No	インボイス対応	期限	✓
1	インボイスを発行する必要があるかどうかを検討	取引開始前	
2	インボイス制度に関して，社内関係者に周知		
3	インボイスを発行したい場合，適格請求書発行事業者の登録申請書を提出	最初の課税 期間の末日	
4	適格請求書発行事業者登録後，税務署からの登録通知を確認，保存	登録後 速やかに	
5	適格請求書発行事業者公表サイトで公表内容を確認		
6	何をインボイスとするか決める。 （通常は請求書だが，領収証等も可）	取引開始前	
7	テンプレートの請求書等にインボイスとして記載が必要な事項を載せているか確認		
8	返還インボイス，修正インボイスが発行できるシステムになっているか確認		
9	仕入先や経常的な経費の支払先からインボイスを受け取れるか確認		
10	口座振替・口座振込による家賃等の支払いもインボイス制度に対応できているか確認	速やかに	

1 ｜ 消費税のしくみ

スズキ社長

インボイスってよく耳にするけど，
よくわからないな…。

ケイコ税理士

はじめは難しいかもしれません。
その前に，まずは「消費税の基本的なしくみ」を知っておくこ
とが重要ですよ！

1 - 1　消費税の基本的なしくみ

　消費税は，商品・製品の購入やサービスを受けるなどの消費に対して広く公平に課税される税です。消費税率（標準税率）は国税である消費税率7.8%，地方消費税率2.2%で合計10%です。

　消費税は，「課税売上げに係る消費税額」から，「課税仕入れ等に係る消費税額」を差し引いて計算します。この「課税売上げに係る消費税額から課税仕入れ等に係る消費税額を差し引くこと」を，仕入税額控除といいます。

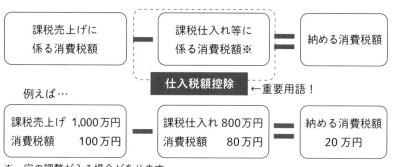

※一定の調整が入る場合があります。

1-2 資金繰りにも影響する

　消費税は受け取る時期と納める時期にズレがあります。そのため，資金繰り
を計画する時には消費税の納税資金に注意しましょう（第6章参照）。

■3月決算法人の例（課税期間の短縮等をしていない場合）

　消費税の納付期限は課税期間の末日（決算日）の翌日から2ヵ月以内です。
消費税の申告期限を延長しても，<u>納付期限は延長されません。</u>

 軽減税率とは？

　軽減税率の適用対象取引は，8％（地方消費税を含む）が適用さ
れます。軽減税率の適用対象取引は，次のとおりです。
・酒類，外食を除く飲食料品　例：テイクアウト，食材の仕入
・定期購読契約が締結された週2回以上発行される新聞

2 ┃ 消費税の課税事業者とは？

スズキ社長

消費税を納める必要がある事業者って何ですか？
スタートアップ企業のDXコネクトサービスも関係しますか？

ケイコ税理士

原則,「基準期間」の課税売上高が1,000万円超の事業者は納税義務があります。新設の法人も,一定の要件に当てはまれば,消費税を納める義務があるので注意してくださいね。

2-1　課税売上高が1,000万円超の事業者は納税義務あり

　その課税期間（通常は事業年度）の「基準期間」（法人は前々事業年度）の課税売上高が1,000万円を超える事業者は,消費税を納める義務があります。

■「基準期間」による納税義務の有無

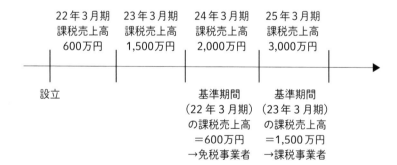

　ただし,基準期間の課税売上高が1,000万円以下でも,「特定期間」における課税売上高が1,000万円を超えた場合は,その課税期間は課税事業者になります。

この特定期間における1,000万円の判定は，課税売上高の代わりに，給与等支払額の合計額を用いることもできます。なお，法人の特定期間は，原則としてその事業年度の前事業年度開始の日から6ヵ月間です。

■「特定期間」による納税義務の有無

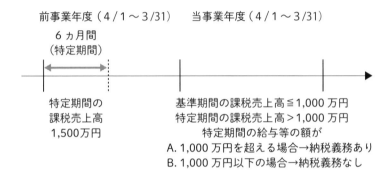

前提：基準期間（前々事業年度）の課税売上高が1,000万円以下
　　　※事業年度が1年の場合

前事業年度（4/1〜3/31）　　当事業年度（4/1〜3/31）

6ヵ月間
（特定期間）

特定期間の
課税売上高
1,500万円

基準期間の課税売上高≦1,000万円
特定期間の課税売上高＞1,000万円
特定期間の給与等の額が
A. 1,000万円を超える場合→納税義務あり
B. 1,000万円以下の場合→納税義務なし

仮に「基準期間」の課税売上高が1,000万円以下でも，「特定期間（原則，前事業年度開始の日から6ヵ月）」の課税売上高が1,000万円を超え，かつその期間の給与等の額が1,000万円超の場合，消費税の納税義務があります。

一方，「特定期間」の課税売上高が1,000万円を超えても，特定期間の給与等の支払額が1,000万円以下の場合は，消費税の納税義務はありません。

設立1期目が7ヵ月以下の場合，新設法人で決算期変更を行った法人等は，その法人の設立日や決算期変更の時期などにより，「特定期間」が異なる場合があります。

2-2 「課税事業者」を選択することもできる

消費税の納税義務がない事業者（「免税事業者」といいます）は，課税事業者を選択することもできます。

後述する「原則課税」により消費税申告を行う課税事業者は，売上に係る消

費税よりも資産の購入や仕入・経費に係る消費税など支払う消費税額のほうが多くなる場合は，消費税の還付を受けることができます（下のQ&A参照）。ただし，免税事業者の場合は還付を受けることができません。そのため，消費税の納税義務がない事業者で消費税の還付を受けたい場合は，期日までに「消費税課税事業者選択届出書」を提出しましょう。スタートアップ初期は投資が多くあえて課税事業者を選択するケースもあります。

　原則として，この届出書を提出した翌課税期間から課税事業者になりますが，新設法人等は設立した課税期間の末日までに届出書を提出すれば，設立日から課税事業者になります。

 Q&A　**消費税の還付とは？**

　　　　還付を受けられるのは課税事業者のみです。
　　　　免税事業者は還付を受けられません。

売上に係る	資産購入	
消費税	仕入・経費	還付消費税
	に係る消費税	

2-3　消費税の納税義務を判定しよう！

　消費税の納税義務の有無についての判定は，年々複雑さが増しています。
　次のフローチャートを使って消費税の納税義務を判定しましょう。
　各判定項目について，詳しくは後述します。

■ 消費税納税義務の判定フローチャート

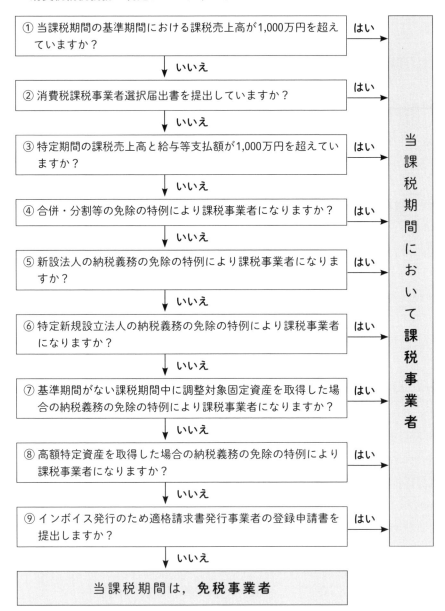

① 当課税期間の基準期間における課税売上高が1,000万円を超えていますか？ **はい**

↓ いいえ

② 消費税課税事業者選択届出書を提出していますか？ **はい**

↓ いいえ

③ 特定期間の課税売上高と給与等支払額が1,000万円を超えていますか？ **はい**

↓ いいえ

④ 合併・分割等の免除の特例により課税事業者になりますか？ **はい**

↓ いいえ

⑤ 新設法人の納税義務の免除の特例により課税事業者になりますか？ **はい**

↓ いいえ

⑥ 特定新規設立法人の納税義務の免除の特例により課税事業者になりますか？ **はい**

↓ いいえ

⑦ 基準期間がない課税期間中に調整対象固定資産を取得した場合の納税義務の免除の特例により課税事業者になりますか？ **はい**

↓ いいえ

⑧ 高額特定資産を取得した場合の納税義務の免除の特例により課税事業者になりますか？ **はい**

↓ いいえ

⑨ インボイス発行のため適格請求書発行事業者の登録申請書を提出しますか？ **はい**

↓ いいえ

当課税期間において課税事業者

当課税期間は，**免税事業者**

（国税庁資料をもとに著者作成）

■「判定フローチャート」を詳しくチェック！

① **基準期間における課税売上高が1,000万円を超えていますか？**

基準期間が1年未満の法人の場合，年換算した金額により判定します。

（例）基準期間における課税売上高800万円，事業年度月数7ヵ月の場合

↓　1年相当に換算して判定

800万円÷7ヵ月×12ヵ月＝1,371…万円

基準期間の課税売上高が1,000万円超のため，納税義務あり。

② **消費税課税事業者選択届出書を提出していますか？**

消費税課税事業者選択届出書は，消費税の納税義務がない免税事業者が課税事業者になるために提出する届出書です（2−2参照）。

③ **特定期間の課税売上高と給与等支払額が1,000万円を超えていますか？**

給与等支払額とは，特定期間中に支払った所得税の課税対象とされる給与，賞与等の合計額です（未払給与等は対象外）。支払明細書の控えや源泉徴収簿から所得税の課税対象とされるものを合計して算出します。

④ **「合併・分割等」の納税義務の免除の特例により課税事業者になりますか？**

スタートアップ企業には多くありませんが「新設分割子法人・新設分割親法人」，「分割承継法人」は，自社の課税売上高のみで納税義務がない場合でも納税義務が生じる場合があります。

⑤ **「新設法人」の納税義務の免除の特例により課税事業者になりますか？**

基準期間がない事業年度の開始の日における資本金の額または出資の金額が1,000万円以上である法人は，消費税の納税義務があります。この場合，「消費税の新設法人に該当する旨の届出書」の提出が必要です。ただし，法人設立届出書に消費税の新設法人に該当する旨と所定の事項を記載して提出した場合は，不要です。

⑥ **「特定新規設立法人」の納税義務の免除の特例により課税事業者になりますか？**

資本金1,000万円未満の新規設立法人のうち，次のいずれにも該当する法人は「特定新規設立法人」に該当し，納税義務は免除されません。

ⅰ　その基準期間がない事業年度開始の日において他の者により発行済株式等の50％超を直接または間接に保有される場合など，他の者により新規設立法

人が支配されている。

ⅱ　ⅰの判定の基礎となった他の者およびその他の者と一定の特殊な関係にある法人のうちいずれかの者の課税売上高（新規設立法人のその事業年度の基準期間に相当する期間の課税売上高）が5億円を超えている。

⑦　「調整対象固定資産を取得した場合」の納税義務の免除の特例により課税事業者になりますか？

　新設法人および特定新規設立法人が，基準期間がない各課税期間中に「調整対象固定資産」の課税仕入れ等を行い，かつ，その仕入れた日の属する課税期間の確定申告を原則課税で行う場合には，その調整対象固定資産の仕入れ等の日の属する課税期間の初日から原則として3年間は免税事業者となることはできません。また，簡易課税制度の選択もできません（原則課税，簡易課税については後述します）。

　なお，調整対象固定資産とは，棚卸資産以外の資産で，建物，建物附属設備，構築物，機械および装置，車両および運搬具，工具，器具備品その他の資産で，一の取引単位の税抜価額が100万円以上のものです。

⑧　「高額特定資産を取得した場合等」の納税義務の免除等の特例により課税事業者になりますか？

　事業者が，事業者免税点制度および簡易課税制度の適用を受けない課税期間中に，「高額特定資産」の課税仕入れ等を行った場合には，その高額特定資産の仕入れ等の日の属する課税期間の翌課税期間からその高額特定資産の仕入れ等の日の属する課税期間の初日以後3年を経過する日の属する課税期間までの各課税期間は，事業者免税点制度は適用されません。

　なお，高額特定資産とは，一の取引の単位につき，課税仕入れに係る支払対価の額（税抜）が1,000万円以上の棚卸資産・調整対象固定資産です。

⑨　「適格請求書発行事業者」の登録申請をしますか？

　いわゆるインボイスを発行するため，適格請求書発行事業者の登録をした事業者は，消費税の課税事業者になります（インボイス制度については後述します）。

　なお，各判定の結果，課税事業者となる場合は，所定の届出書を提出します。

3 ｜ 原則課税と簡易課税，どっちにする？

スズキ社長

原則課税？　簡易課税？
またややこしい言葉が出てきましたよ…。

ケイコ税理士

消費税の納税額にも影響するので慎重な判断が必要です。
期日までに届出がいる場合もあるので，ポイントを説明します
ね。

3－1　原則課税って何？

1-1で解説したとおり，消費税は，「課税売上げに係る消費税額」から「課税仕入れ等に係る消費税額」を差し引いて計算します。なお，仕入税額控除等には一定の調整が入る場合があります。

この計算方法は，実際の仕入れや経費等に係る消費税額を差し引く原則的な方式で，「原則課税」といいます。

原則課税は，証憑に基づく税額計算を行うため，仕入れの記録をした帳簿と仕入れに関する請求書等の保存をしなければなりません。また，原則課税により仕入税額控除を行うためには，原則としてインボイスの保存が必要です。

3－2　簡易課税って何？

　実務上,「原則課税」は納税者の事務負担も大きいため,中小事業者の納税事務負担に配慮する観点から,事業者は「簡易課税」という制度を選択することができます。簡易課税制度は,要件を満たし,かつ期限までに届出書を提出した事業者のみが利用できます。

　簡易課税は,「課税売上げに係る消費税額」に,事業区分（p33参考の表を参照）に応じて定められた「みなし仕入率」を掛けて計算した金額を「課税仕入れに係る消費税額」として,課税売上げに係る消費税額から控除します。また,原則課税の場合と異なり,仕入税額控除はインボイスであるか否かを問いません。

　簡易課税は次の2つの要件を満たす場合に選択できます。
① その課税期間の初日の前日までに,納税地の所轄税務署長に「消費税簡易課税制度選択届出書」を提出すること（設立初年度の場合は,設立した日の課税期間中（通常は設立事業年度中）に提出）
② その基準期間（法人は前々事業年度）における課税売上高が5,000万円以下であること

■X4年3月期（X3年4月1日～X4年3月31日）から簡易課税を受ける場合

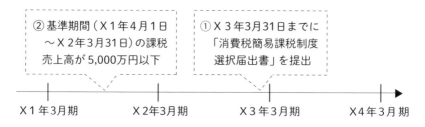

また，「簡易課税」を選択する際には，次の点に留意が必要です。

簡易課税は，基本的に 2 年継続します。事業を廃止した場合を除き，2 年間継続適用した後でなければ，簡易課税の適用をやめることはできません。

簡易課税をやめるときは，適用をやめようとする課税期間の初日の前日までに「消費税簡易課税制度選択不適用届出書」を所轄税務署に提出します。

参考　事業区分ごとのみなし仕入率

第 1 種から第 6 種事業のいずれに該当するかの判定は，原則として，事業者が行う課税資産の譲渡等（商品の販売やサービス）ごとに行います。

区分	みなし仕入率	事　業
第 1 種事業	90%	卸売業（他の者から購入した商品をその性質，計上を変更しないで他の事業者に対して販売する事業）
第 2 種事業	80%	小売業（他の者から購入した商品をその性質，形状を変更しないで販売する事業で第 1 種事業以外のもの），農業・林業・漁業（飲食料品の譲渡に係る事業）
第 3 種事業	70%	農業・林業・漁業（飲食料品の譲渡に係る事業を除く），鉱業，建設業，製造業（製造小売業を含む），電気業，ガス業，熱供給業および水道業をいい，第 1 種・第 2 種事業に該当するものおよび加工賃その他これに類する料金を対価とする役務の提供を除く。
第 4 種事業	60%	飲食店業など第 1 ～ 3，5，6 種事業以外の事業。第 3 種事業から除かれる加工賃その他これに類する料金を対価とする役務の提供を行う事業も第 4 種事業。
第 5 種事業	50%	運輸通信業，金融・保険業，サービス業（飲食店業に該当する事業を除く）をいい，第 1 ～ 3 種事業までの事業に該当する事業を除く。
第 6 種事業	40%	不動産業

 Q&A　原則課税と簡易課税の計算方法は具体的にどう違うの？

原則課税と簡易課税は，控除する仕入税額の計算方法に違いがあるため，結果として納付する消費税額に差が出ます。状況に応じて慎重に判断しましょう。次のケースで比較してみましょう。

・卸売業（事業区分）：第1種（みなし仕入率90%）
・基準期間の課税売上高 5,000 万円以下であり届出書を期日までに提出
・課税売上げ　　税抜 1,000 万円，消費税額 100 万円
・課税仕入れ等　税抜　800 万円，消費税額　80 万円

■ 原則課税

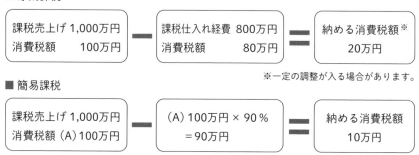

課税売上げ 1,000万円	課税仕入れ経費 800万円	納める消費税額※
消費税額　　　 100万円	消費税額　　　 80万円	20万円

※一定の調整が入る場合があります。

■ 簡易課税

課税売上げ 1,000万円	(A) 100万円 × 90％	納める消費税額
消費税額（A）100万円	＝90万円	10万円

3 - 3　原則課税か簡易課税を選択するときのポイント

　原則課税と簡易課税は，売上税額から差し引く課税仕入れ等の消費税額の計算方法が異なります。課税資産の購入予定なども影響するため，判断が難しい部分もありますが，基本的な選択のポイントは次のとおりです。

　なお，簡易課税を選択する場合は，選択したい課税期間が始まる前までに「簡易課税選択届出書」を提出する必要があります。そのため，次の課税期間が始まる約 2 ヵ月前には判定をするとよいでしょう。

①　課税売上げに対する課税仕入れ・経費の割合とみなし仕入率を比較する

　課税仕入れ・経費の割合がみなし仕入率よりも高い場合，一般的に原則課税のほうが控除する仕入税額が大きく，消費税の納税額が少なくなります。

　課税仕入れ・経費の割合よりもみなし仕入率が高い場合，一般的に簡易課税のほうが控除する仕入税額が大きく，消費税の納税額が少なくなります。

　なお，課税仕入れや経費には，建物等の固定資産の購入も含みます。また，経費は，消費税のかからないものもあるため留意が必要です。

② **建物や機械設備などの高額資産の購入予定はないか**

　建物や機械設備など多額の課税対象の固定資産の購入を予定している場合は，実際の仕入税額が大きくなる（＝原則課税のほうが有利となる）可能性があります。

③ **翌事業年度だけではなく，2年後の計画等も考慮する**

　簡易課税は基本的に2年継続して適用されます。そのため，翌年だけではなく，2年後の計画等も考慮する必要があります。

 Q&A　損しないのはどっち？

　「原則課税」と「簡易課税」で計算した場合の消費税の納税額は，差額が出ることも少なくないため，翌期以降の事業計画等も考慮して専門家に相談しながら慎重に判断します。それぞれの特徴や後述する選択のポイントについて知っておくと損せずに済みます。

4 | インボイス制度のキホン

スズキ社長

ケイコ先生！
インボイス制度って，うちの会社も関係ありますか？

ケイコ税理士

BtoB，BtoCなど，取引先にもよりますが，確認が必要ですね。
影響する会社は多いですよ。社内関係者への周知も忘れずに
行ってください。

4 − 1 インボイス制度とは？

インボイス制度（正式には「適格請求書等保存方式」）は，2023年10月1日か
ら開始された消費税の制度です。売手側と買手側のポイントは次のとおりです。

〈 売手側 〉

売手（登録事業者）は，買手（課税事業者）から求められたときは，インボイ
スを交付しなければなりません。また，交付したインボイスの写しを保存する
必要があります。

〈 買手側 〉

買手は仕入税額控除の適用を受けるために，原則として売手（登録事業者）か
ら交付を受けたインボイスの保存等が必要です。簡易課税制度や2割特例の適
用を受ける場合を除きます。

そのため，原則課税の場合は，取引開始前にインボイスを受け取ることがで
きるか確認しましょう。

4 - 2　インボイスとは？

　インボイス（正式には「適格請求書」）は，売手が買手に対して，正確な適用税率や消費税額等を伝えるものです。具体的には，これまでの区分記載請求書に「登録番号」，「適用税率」および「税率ごとに区分した消費税額等」の記載が追加されたものをいいます。

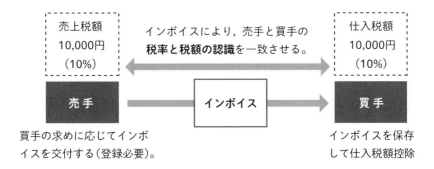

Q&A　インボイスの登録番号って何？

　インボイスの登録番号は T + 13 桁の数字で構成されます。

区　分	番号の構成
法人番号を有する課税事業者（法人）	T + 法人番号（13 桁）
法人番号を有しない課税事業者（個人等）	T + 13 桁の数字（注）

（注）　13桁の数字には，マイナンバー（個人番号）は用いられず，法人番号とも重複しない事業者ごとの番号です。そのため，個人等の場合は，登録通知があるまで登録番号はわかりません。

4 - 3　インボイス対応の請求書フォーマット

　登録を受けた適格請求書発行事業者は，以下❶〜❻の事項が記載されたインボイス（適格請求書）を交付しなければなりません。なお，下線部分がインボイス制度導入に伴う追加項目です。

例 ■ インボイス対応の請求書

```
❻ 株式会社○○御中

            請 求 書
           XX 年11月分

❷ 11/4  ❸ 牛肉 ※          5,400円
   11/4    とり肉 ※         2,160円
    :                        :
   11/30    ビール          6,600円
   ※ 軽減税率対象    合計  87,200円
                  うち消費税  7,200円

 ❹(10%対象 40,000円  ❺ 消費税 4,000円)
  ( 8%対象 40,000円     消費税 3,200円)

           △△株式会社
 ❶ 登録番号：T 1234567890123
```

❶ インボイス発行事業者の氏名・名称，登録番号
❷ 取引年月日
❸ 取引内容（軽減税率の対象品目である旨）
❹ 税率ごとに区分して合計した対価の額（税抜または税込）および適用税率
❺ 消費税額等
❻ 書類の交付を受ける事業者の氏名または名称

ポイント

1　適格簡易インボイス（下記Q&A参照）が認められる取引以外は，インボイスの交付を受ける事業者の氏名や名称の記載がないと，インボイスに該当しません。

2　消費税の端数処理は，一請求書当たり税率ごとに１回ずつと端数処理に関するルールが決まっています。

 Q&A　**適格簡易インボイスとは？**

不特定多数の者に対して販売等を行う小売業，飲食店業，タクシー業等に係る取引については，適格請求書に代えて「適格簡易請求書」を交付することができます。これを適格簡易インボイスといいます。

なお，適格簡易インボイスの場合は❹「適用税率」❺「消費税額等」はいずれかの記載でよいとされています。また，❻の「書類の交付を受ける事業者の氏名または名称」の記載は不要です。

4-4 インボイス対応の領収書フォーマット

　インボイスは請求書のイメージが強いですが，必要事項を記載していれば，領収書やレシートでもインボイスになります。請求書と同様に，簡易インボイスが認められる取引の場合，領収書の宛名の記載がなくてもインボイスに該当します。簡易インボイスが認められる取引以外は，領収書等への宛名の記載が必要です。

例 ■ インボイス対応の領収書

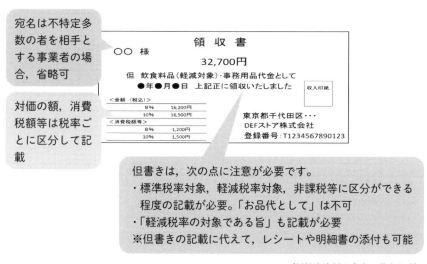

宛名は不特定多数の者を相手とする事業者の場合，省略可

対価の額，消費税額等は税率ごとに区分して記載

領 収 書

〇〇　様

32,700円

但　飲食料品（軽減対象）・事務用品代金として
●年●月●日　上記正に領収いたしました

収入印紙

＜金額（税込）＞
8%	16,200円
10%	16,500円

＜消費税額等＞
8%	1,200円
10%	1,500円

東京都千代田区・・・
DEFストア株式会社
登録番号：T1234567890123

但書きは，次の点に注意が必要です。
・標準税率対象，軽減税率対象，非課税等に区分ができる程度の記載が必要。「お品代として」は不可
・「軽減税率の対象である旨」も記載が必要
※但書きの記載に代えて，レシートや明細書の添付も可能

（財務省資料を参考に著者作成）

4-5 登録方法

　インボイスを発行するためには，税務署長の登録を受けた適格請求書発行事業者になる必要があります。登録するためには，「適格請求書発行事業者の登録申請書」をe-Taxまたは郵送にて提出します。なお，郵送先は管轄地域の「インボイス登録センター」です。

　登録後，税務署長から届く登録番号の記載された通知を確認し，保存します。

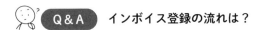

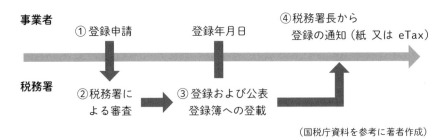

（国税庁資料を参考に著者作成）

4 - 6　登録すると公表される情報と検索方法

　適格請求書発行事業者に登録すると，国税庁「適格請求書発行事業者公表サイト」に，下記の情報が公表されます。

①　適格請求書発行事業者の氏名または名称
②　（法人の場合）本店または主たる事務所の所在地
③　登録番号
④　登録年月日
⑤　登録取消年月日等

　また，登録状況も同サイトで登録番号から検索できます（次ページ参照）。

 Q&A　取引先の登録状況を知りたいときは？

　　　　　　取引先が法人の場合，取引先に確認するほか，「法人番号公表サイト」で法人番号を検索し，その番号を適格請求書発行事業者公表サイトで検索すれば，登録しているか確認できます。
　　　　　　取引先が個人の場合，取引先に確認します。自社の HP や見積書に記載している場合もあります。
　　　　　　自社が原則課税の場合，取引前に確認しましょう。

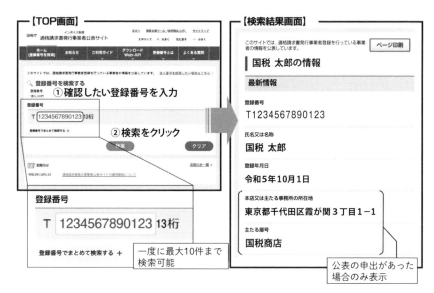

（出所：国税庁ウェブサイト）

4-7　インボイス制度の注意点

①　適格請求書発行事業者（売手側）の義務は？

　適格請求書発行事業者は，インボイスを交付することが困難な一定の場合を除き，取引の相手方（課税事業者に限る）の求めに応じて，インボイスを交付する義務および交付したインボイスの写しを保存する義務（免除対象取引あり）があります。

　また，値引きや返品がある場合には原則として返還インボイスを，誤りがあった場合には修正インボイスを交付する義務があります。

☑ インボイスの交付義務

☑ 返還インボイスの交付義務 …値引き・返品などの場合

☑ 修正インボイスの交付義務 …誤りがあった場合

☑ 上記の写しを保存する義務

Q&A 返還インボイスの交付が免除される？

税込1万円未満の値引等は返還インボイスを発行しなくてもよいとされています。たとえば，税込1万円未満の販売奨励金や振込手数料等です。

② 端数処理のルールに注意しよう！

インボイス制度では，発行するインボイスについて端数処理のルールがあり，一のインボイスにつき，税率ごとに1回の端数処理を行うこととされています。

下記の例①のように8％，10％の税率ごとにそれぞれ1回だけ端数処理を行うものとし，例②のように，取引ごとに端数処理を行いそれらを合算する処理は認められません。

なお，端数処理を切上げ・切捨て・四捨五入のいずれによるかは，事業者が任意に決めることができます。

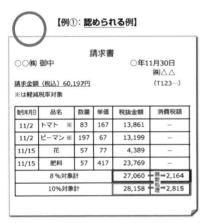

（出所：国税庁ウェブサイト）

③ 買手側は何が必要？

原則課税により仕入税額控除を行うためには，原則としてインボイスの保存が必要です。

ただし，3万円未満の公共交通機関の交通費など特定の取引は，帳簿のみの保存で仕入税額控除ができます。

なお，簡易課税等を選択している場合，インボイスの保存は仕入税額控除の

要件ではありません。

■口座振替・口座振込により賃料等の支払いをしている場合

　請求書等を受領していない口座振替等で支払う家賃等についても，仕入税額控除を受けるためには，原則としてインボイスの保存が必要です。

4-8　インボイス制度に関するギモンを解決

Q1　そもそも適格請求書発行事業者の登録は義務ですか？

　登録は任意です。次のフローチャートを参考に，状況に合わせて登録するかどうかを決めるとよいでしょう。

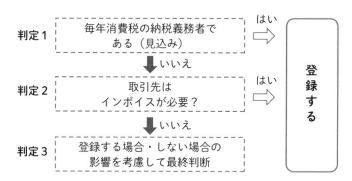

判定1　毎年消費税の納税義務者である（見込み）か？

　毎年，基準期間の課税売上高が1,000万円を超えて消費税の納税義務がある場合は登録の方向でよいでしょう。納税義務の判定は2-3参照。

判定2　取引先はインボイスが必要か？

○必要！！
・原則課税で申告する事業者
→大企業や課税売上げ
　5,000万円超の企業等

×いらない
・消費者
・簡易課税や2割特例で申告
　する事業者

44

　基準期間の課税売上高が5,000万円超の事業者や簡易課税等より原則課税のほうが有利な事業者は原則課税により申告をするため，インボイスを必要とします。一方で，消費者，簡易課税や2割特例で申告をする事業者は基本的にはインボイスを必要としません。ただし，現在は簡易課税や2割特例でも売上が増加し，または2割特例の適用期間が終了し，将来取引先が原則課税になるケースも想定されます。

| 判定 3 | 登録する場合・しない場合の影響を考慮して最終判断 |

　登録する場合としない場合の主な影響のポイントは次のとおりです。

	登録する場合	登録しない場合
インボイスの発行	○発行できる	×発行できない
インボイスの交付義務	あり	なし
消費税の申告納付	義務 （元々義務がある場合は 影響なし）	影響なし （従来どおり課税売上高等 により判定）

Q2　インボイス制度の負担を軽減する措置はある？

　負担を軽減するための措置はいくつかあり，主な措置は次のとおりです。

・免税事業者からの課税仕入れに関する経過措置

　一定期間はインボイス発行事業者以外の者からの課税仕入れでも，仕入税額相当額の一定割合を仕入税額とみなして控除できる経過措置があります。

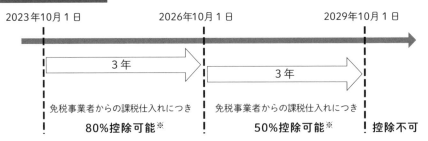

（国税庁資料を参考に著者作成）

※本経過措置の適用には，免税事業者等から受領する区分記載請求書と同様の事項が記載された請求書等の保存とこの経過措置を受ける旨（80％控除・50％控除の特例を受ける課税仕入れである旨）を記載した帳簿の保存が必要です。

• 少額特例（一定規模以下の事業者に対する事務負担の軽減措置）

　対象者は，少額（税込 1 万円未満）の課税仕入れについて，インボイスの保存がなくても一定の事項を記載した帳簿の保存のみで仕入税額控除ができます。

対象者：基準期間の課税売上高 1 億円以下または特定期間における課税売上高^{（※）}が5,000万円以下の事業者

　　※特定期間における課税売上高は，納税義務の判定における場合と異なり，課税売上高に代えて給与支払額の合計額による判定はできません。

期　間：2023年10月 1 日から2029年 9 月30日までに行う課税仕入れが適用対象

• 2 割特例（インボイス発行事業者となる小規模事業者に対する負担軽減措置）

　インボイス制度を機に免税事業者から課税事業者になる事業者は，一定の要件を満たす場合，売上税額の 2 割を納税額とすることができます。

期　間：2023年10月 1 日から2026年 9 月30日までの日の属する各課税期間

　消費税額の計算方法を比較すると次のとおりです。

	原則課税	簡易課税	2 割特例
納税額	実額計算	売上税額 ×（1 −みなし仕入率）	売上税額× 20％
対象	全事業者○	基準期間の課税売上高 5,000万円以下	基準期間の課税売上高 1,000万円以下^{※1}
届出	−^{※2}	事前に必要	不要（申告書に記載）
特徴等	還付を受ける ことができる	計算が簡単 2 年間継続適用	計算が簡単 期間限定

※ 1　インボイス制度を機に免税事業者からインボイス登録をして課税事業者となる事業者が対象。また，スタートアップの場合は，資本金1,000万円以上の新設法人等は 2 割特例の適用を受けることができません。

※ 2　簡易課税制度の適用を受けていた事業者が簡易課税をやめて原則課税を選択したい場合は，期日までに届出が必要です。

第3章

会計＆税務の
期中ToDo

次は，期中に行う会計と税務について，初年度のみのタスクと
初年度＋2年目以降の共通タスクに分けて確認します。

■ 会計＆税務の期中ＴｏＤｏチェックリスト ■

No	初年度のみのタスク	期限・時期	✓
1	作成する帳簿を決定	設立月	
2	売上・仕入の計上基準を決定	設立月	
3	税抜経理か税込経理かを決定	設立月	
4	【必要な場合】設立月の源泉所得税を納付（P69）	翌月10日	
5	【必要な場合】ダイレクト納付の届出（P71）		
6	役員給与について税務上のルールを確認した上で決定	設立3ヵ月以内	

No	初年度＋2年目以降の共通タスク	期限・時期	✓
1	日次	毎日	
2	月次決算（自社で締日を設定）	（　　）日	
3	年次決算	期末	
4	【毎月納付の場合】源泉所得税の納付	翌月10日	
5	【納期特例の場合】1～6月分源泉所得税納付	7月10日	
6	【納期特例の場合】7～12月分源泉所得税納付	翌年1月20日	
7	【毎月納付の場合】住民税の納付	翌月10日	
8	【納特特例の場合】6月～11月分住民税納付	12月10日	
9	【納特特例の場合】12月～翌年5月分住民税納付	6月10日	
10	【役員給与改定時】金額変更が認められるケースを確認		
11	【役員賞与】支給する場合は「事前確定届出給与に関する届出書」を提出	P63	
12	【毎月】報酬支払時は，源泉徴収の対象となるか確認		
13	【契約書等の書類作成時】印紙税の対象に該当するか確認，印紙を貼付		
14	【税務署】法定調書　法定調書合計表を提出	1月31日	
15	【各市区町村】給与支払報告書を提出	1月31日	
16	【市区町村】償却資産申告書を提出	1月31日	
17	決算予測	（決算月の1～2ヵ月前が目安）	
18	在庫棚卸	決算日	

1 ｜ 経理業務の流れ

スズキ社長

経理業務ってやったことないし，正直なところよくわかりません。いつ何をするのか経理のキホンを教えてください。

ケイコ税理士

経理業務には，日次，月次，年次決算事務があります。月次は翌月○営業日までに行うなど社内でルールを決めてスケジュールを立ててくださいね。

1－1　経理の業務と役割

　経理とはお金の入出金管理や帳簿記入を行うことです。きちんとした経理は会社の業績や資金繰りの把握，不正の発見と防止等に役立ちます。スタートアップでは早期に経理のしくみ化を行うことが重要です。

■経理の業務

1－2　日次・月次決算・年次決算とは？

　経理業務では，日次，月次決算，年次決算があります。

・日次

　日々行う現預金の入出金管理や取引の帳簿への記録を「日次」といいます。

・月次決算

　月に一度決まった時期に，財政状態や経営成績を明らかにするために行う経理業務を「月次決算」といいます。年次決算よりも簡便的な会計処理を行い，月次試算表などの帳票を作成します。

　毎月，どの程度厳密に試算表を作成するかは会社により違いがありますが，毎月作成する試算表の精度を上げると，決算で大きく利益が変わる事態を避けることができ，決算予測を立てやすくなるメリットがあります。

 Q&A　月次決算のタイミングは？

　　　月次決算は，前月分を翌月の上旬～中旬に行います。適時に行うことで，数字を早期に経営に活かすことができます。上場企業や経理がしっかりしている法人の場合，「翌月5営業日以内」などと月次の締日を設定しています。
　　　スタートアップにおいても「翌月○営業日まで」と明確な締日を設定することがポイントです。

・年次決算

　年に一度行う経理業務を「年次決算」といいます。例えば，期末の商品在庫や貯蔵品（印紙や切手など）の在庫を数えて資産計上する，その他の決算整理仕訳を行い，決算書を作成，申告・納税を行う業務です（詳細は第5章・第6章参照）。

 Q&A　決算書って何？

　　　いわゆる決算書は，主に「貸借対照表」と「損益計算書」から構成されます。貸借対照表は，貸借対照表日時点の資産や負債などの企業の財務状況を表します。損益計算書は，対象期間にどれくらい儲かったのか企業の経営成績を表します。作成された決算書は，株主総会の承認を受けた後，決算公告され，税務申告の際に確定申告書に添付して税務署等に提出，また金融機関等の債権者に開示されます。
　　　決算書に誤りがあれば株主や債権者などの利害関係者に大きな影響を与えます。また，法人税等の税額の計算の基礎となるため，

税額計算にも影響します。日々の会計入力が決算書のベースになるので，日々の帳簿記入はとても重要です。

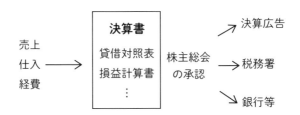

1－3　作成する帳簿の種類は？

　青色申告のメリットを受けるためには，複式簿記による帳簿を作成し保存しなければなりません。帳簿には作成が必須のものと状況に応じて作成するものがあります。

- 必須帳簿：総勘定元帳，仕訳帳は必須の帳簿です。
- 補　助　簿：補助簿は，法人の状況に応じて必要なものを作成します。

　　　　　例：現金出納帳，得意先元帳，仕入先元帳，固定資産台帳　等

 Q&A　**帳簿書類の保存期間は？**

　法人は，帳簿を備え付けてその取引を記録するとともに，その帳簿と取引等に関して作成または受領した書類（棚卸表，貸借対照表等，注文書，契約書，領収書など）を，その事業年度の確定申告書の提出期限の翌日から 7 年間保存しなければなりません。

　なお，青色申告書を提出した事業年度で，欠損金額（青色繰越欠損金）が生じた事業年度等においては，10 年間保存が必要です。

2 | 売上と仕入の会計ルール

スズキ社長

クレジットカードで消耗品を購入したら，費用計上するのは買った日？　カード代金の引き落としの日？

ケイコ税理士

経費の計上時期には，売上・仕入とともに会計のルールがありますよ。費用の場合は発生主義，つまり基本的には買った日の費用として計上します。

2－1　売上の計上時期

「いつの売上に計上するか」という売上の計上時期は会社の任意ではなく，ルールがあります。売上は，実現主義により計上します。

なお，スタートアップは，IPO申請の準備段階に入り，監査法人の監査を受ける場合は「収益認識に関する会計基準」に則る必要があります。

Q&A　実現主義って何？

実現主義とは収益は次の2つを満たした時点で実現したと判断され，収益計上することをいいます。

① 企業が取引先へ商品の引渡しやサービスの提供を行ったこと。

② 商品やサービスと引換えに，企業が現金や権利を有する対価（手形や売掛金などの債権）を獲得したこと。

例えば，X3年11月30日に商品を引き渡して代金は掛けとし，12月20日に代金を受け取った場合，X3年11月30日に売上計上します。

収益の実現基準として，下記の①～④があります。自社に採

用した基準は，正当な理由がない限り継続して適用しなければなりません。

基　準	内　容
① 出荷基準	自社から商品を出荷した時点
② 引渡基準	相手方へ商品を引き渡した時点
③ 検収基準	相手方で商品等を検収して引取りの意思を明示した時点
④ 役務完了基準	サービスの提供が完了した時点

2－2　仕入や経費の計上時期

　「いつ仕入れたか」，「いつ経費に計上するか」という仕入や経費の計上時期についてもルールがあり，原則として発生主義により計上します。その後，売上高と売上原価の対応，翌期以降の経費は翌期に繰越しといった期間対応が行われます。

 Q&A　**発生主義って何？**

　発生主義とは，現金の収入や支出に関係なく，収益や費用の発生の事実に基づいて計上を行うことをいいます。

　仕入の発生基準として，下記の①～③があります。自社に採用した基準は，正当な理由がない限り継続して適用しなければなりません。

基　準	内　容
① 出荷基準	仕入先から商品が出荷された時点
② 引渡基準	自社へ商品が引き渡された時点
③ 検収基準	自社で商品の検収が完了した時点

2−3　税抜経理か税込経理を選択

　取引を帳簿に記入する際に，消費税の処理方法として「税抜経理」と「税込経理」があります。免税事業者は税込経理によりますが，課税事業者はいずれかを選択します。一般的に，原則課税の課税事業者は税抜経理を採用する場合が多いようです。なお，IPO申請の準備のため監査法人の監査を受ける会社or被監査会社に適用される収益認識会計基準では税抜経理のみが認められています。

①　税抜経理方式とは

　取引を税抜金額で表記します。売上等の収益に係る消費税等は「仮受消費税等」，仕入や経費に係る消費税等は「仮払消費税等」として計上します。

②　税込経理方式とは

　すべての取引を税込金額で表記します。課税事業者の場合，決算で消費税の計算結果が当期の利益額に影響するため留意が必要です。

Q&A　税抜経理のほうが得することもあるの？

　　　税込経理の場合，固定資産の取得価額の判定も税込金額で行います。つまり，資産計上が必要かなどの判定も税込金額によるため，税抜経理であれば資産計上の必要がないものも，税込経理のために資産計上が必要になるケースがあります。

　　　その他，税込経理は交際費の損金算入限度額の計算などにも影響があり，結果として納付税額が増えるという影響を与えることがあります。

3 | 主な税務関連の年間スケジュール

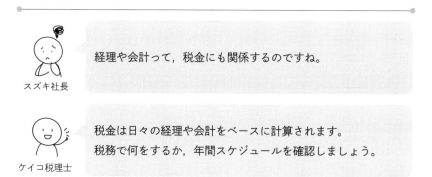

スズキ社長：経理や会計って，税金にも関係するのですね。

ケイコ税理士：税金は日々の経理や会計をベースに計算されます。
税務で何をするか，年間スケジュールを確認しましょう。

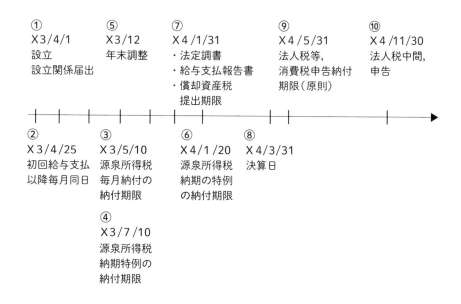

① X3/4/1
設立
設立関係届出

⑤ X3/12
年末調整

⑦ X4/1/31
・法定調書
・給与支払報告書
・償却資産税
　提出期限

⑨ X4/5/31
法人税等，
消費税申告納付
期限（原則）

⑩ X4/11/30
法人税中間，
申告

② X3/4/25
初回給与支払
以降毎月同日

③ X3/5/10
源泉所得税
毎月納付の
納付期限

⑥ X4/1/20
源泉所得税
納期の特例
の納付期限

⑧ X4/3/31
決算日

④ X3/7/10
源泉所得税
納期特例の
納付期限

① X3年4月1日

　税務署，都道府県および市区町村に法人設立届等を提出します（第1章参照）。

② **X3年4月25日**

給与支払日は，任意の支給日（ここでは一例として25日）を決定します（給与については第4章参照）。

スタートアップの場合，役員に報酬を払うケースが多いですが，原則として，設立後3ヵ月以内に役員給与の支給を開始します。役員給与を法人税法上の経費（損金）にするためには，毎月同じ日に同額を支払う必要があります。

役員給与は，金額改定を行う時期について規定があり，その月以外に金額変更を行うと，原則として損金と認められなります（これを「定期同額給与」といいます）。なお，詳しくは次節を参照してください。

③ **X3年5月10日**

源泉所得税は，原則として源泉徴収の対象となった給与，報酬等の支払日の翌月10日までに税務署に納付する必要があります。ただし，給与の支給人員が常時10人未満である源泉徴収義務者は，源泉所得税の納期の特例の承認に関する申請書を提出すると，申請の翌々月分からこの特例が適用されます（本章「5 源泉所得税」参照）。

なお，住民税も対象者が申請を行うことにより，半年ごとの納付とすることができる納期の特例があります。

Q&A **所得税と住民税の納期の特例の期限はいつ？**

・源泉所得税の納期特例を受ける場合の納付期限
　　7月10日，1月20日
・住民税の納期特例を受ける場合の納付期限
　　6月10日，12月10日

④ **X3年7月10日**

上記③X3年5月10日，本章「5 源泉所得税」参照。

⑤ **X3年12月**

第4章参照。

⑥ **X4年1月20日**

本章「5 源泉所得税」参照。

⑦　**X 4 年 1 月 31 日**

　本章「**8 法定調書**」「**9 給与支払報告書**」「**10 償却資産申告書**」参照。

⑧　**X 4 年 3 月 31 日**

　本章「**12 在庫棚卸**」参照。

⑨　**X 4 年 5 月 31 日**

　資本金額が1,000万円未満の新設法人で一定の要件に該当しない場合，基本的に設立後 2 年間は消費税の納税義務はありません（第 2 章参照）。

　申告期限の延長申請をしている場合，法人税・地方税等の申告期限は延長できますが，納付期限は延長されないため見込みの税額を納付する必要があります。納付が遅れた場合は，延滞税などのペナルティがかかります。

⑩　**X 4 年11月 30 日**

　2 年目以降，前年度の法人税の年税額が20万円超の場合，法人税等の中間納付が必要です。消費税の納税義務者となった翌年以降は，前年の消費税額に応じて消費税の中間納付を行います（第 6 章「**7 中間納付**」参照）。

4 | 役員給与

役員報酬が否認されることもあるんですか？
影響が大きいですね。

スズキ社長

役員報酬額が税金計算上の経費（損金）にならないと影響も少なくないですね。役員給与に関する規定は重要なので，ぜひこの機会に知っておきましょう！

ケイコ税理士

4－1 役員給与に関するルールをチェック！

　法人が役員に対して支払う報酬を「役員給与」といい，法人税法で決められた役員給与のみが法人税法上の経費（損金）になります。

　具体的には，退職給与等一定の給与を除き，原則として定期同額給与，事前確定届出給与，業績連動給与のいずれにも該当しないものは損金になりません。なお，いずれの場合も不相当に高額な給与は損金として認められません。本書では，特にスタートアップの皆様に関わりの深い定期同額給与と事前確定届出給与について解説します。

　法人税法の要件を満たさない役員給与は，決算書で役員報酬として費用計上しても，法人税申告書で加算され，課税所得になり，法人税等の税金の対象になります。

 Q&A **登記されている人以外でも法人税法では役員になる？！**

　法人税法上の役員は，登記されている役員よりも広範囲です。家族経営である同族会社や相談役などがいる場合は，役員として登記されていなくても法人税法上の役員にあたる場合があります。

4 - 2　定期同額給与

　定期同額給与は，「その支給時期が 1 ヵ月以下の一定の期間ごとである給与
（「定期給与」）で，その事業年度の各支給時期における支給額または支給額から
源泉税等の額を控除した金額が同額であるもの」をいいます。

　なお，「源泉税等の額（住民税の額）」というのは，源泉徴収をされる所得税の
額，特別徴収をされる地方税の額，定期給与の額から控除される社会保険料の
額などの合計額です。ポイントは次の 2 つです。

①　1 ヵ月以下の一定期間ごとに支給すること
②　同額であること

■ 定期同額給与の基本要件

①1 ヵ月以下の一定の期間ごとに支給

※土日祝など銀行が休業日のため，前営業日に支給する場合などは認められます。

　ただし，「金額変更が認められるケースに該当する場合」，「おおむね一定の経
済的利益」に該当する場合は定期同額給与として取り扱われます。

4 - 3　金額変更が認められるケース

　① 通常改定，② 臨時改定事由による改定，③ 業績悪化改定事由による改定
にあたる場合は定期同額給与に該当します。より具体的にイメージできるよう
に，下記を前提としたケーススタディもあわせて説明します。

■ 前提：3 月決算法人（事業年度 4 月 1 日〜3 月31日）の場合

　なお，記載の月額給与以外に役員給与（賞与）の支払いはないものとする。

① 通常改定

　その事業年度開始の日の属する会計期間開始の日から 3 ヵ月[※1]までにされ

る定期給与の額の改定です。通常改定の場合は、損金に算入されます。

※1　確定申告書の提出期限の特例に係る税務署長の指定を受けた場合にはその指定に係る
　　月数に2を加えた月数

※2　継続して毎年所定の時期にされる定期給与の額の改定で、その改定が3月経過日等後
　　にされることについて特別の事情があると認められる場合にはその改定の時期まで

〈ケーススタディ〉

　→ 当期に支払った役員給与額の全額が損金になります。

★6月20日の定時株主総会で役員報酬額の改定を決定

②　臨時改定事由による改定

　その事業年度においてその法人の役員の職制上の地位の変更、その役員の職務の内容の重大な変更その他これらに類するやむを得ない事情（臨時改定事由）によりされたこれらの役員に係る定期給与の額の改定（①の場合を除く）です。

　例えば、代表取締役が病気のため辞任し、新たに代表取締役に就任した取締役の役員給与の改定等が該当します。

〈ケーススタディ〉

　→当期に支払った役員給与額の全額が損金になります。

★6月20日の定時株主総会で　　　☆臨時改定事由による改定
役員報酬額の改定を決定

　7月分からの役員給与の増額は、①の通常改定です。11月からの改定は臨時改定事由にあたる改定のため、全額が損金となります。

③　業績悪化改定事由による改定

　その事業年度においてその法人の経営状況が著しく悪化したことその他これに類する理由（業績悪化改定事由）によりされた定期給与の額の改定（減額の場合に限り，①および②の改定を除く）

〈ケーススタディ〉

　→当期に支払った役員給与額の全額が損金になります。

	4月	5月	6月	7月	8月	9月	10月	11月	12月	1月	2月	3月
月額 （円）	100万	100万	100万	100万	100万	100万	100万	25万	25万	25万	25万	25万

☆業績悪化改定事由による改定

　11月分からの役員給与の減額は，通常改定にはあたりませんが，業績悪化改定事由に該当する場合，当期に支払った役員給与の全額が損金になります。業績悪化改定事由は，その事業年度においてその法人の経営状況が著しく悪化したことその他これに類する理由に限られ，単に一時的な資金繰りの都合や，単に業績目標値に達しなかったことなどは法人の経営状況が著しく悪化したとは認められないため，金額改定前に税理士等に相談しましょう。

　なお，業績悪化改定事由を示す客観的な状況や策定した計画等を説明できるように資料を保存しておく必要があります。

 Q&A　損しないためのポイントはある？

　役員給与の改定は，慎重な判断が必要です。変更前に顧問税理士等に確認して，役員給与が損金にならないという事態を避けましょう。また，国税庁ウェブサイトで公表されている「役員給与に関する Q&A」も参考にします。

■前提：7月1日設立，事業年度終了日3月31日の場合

A 損金になる場合

	7月	8月	9月	10月	11月	12月	1月	2月	3月
月額（円）	0万	30万	30万	30万	30万	30万	30万	30万	30万

7月1日
設立

B 損金にならない場合

	7月	8月	9月	10月	11月	12月	1月	2月	3月
月額（円）	0万	0万	0万	0万	0万	0万	30万	30万	30万

7月1日
設立

　スタートアップなどの新しく設立された法人（新設法人）の場合も，定期同額給与の判定は同様に行います。つまり，金額変更を行った役員給与が損金になるのは，事業年度開始日（設立日）から3ヵ月以内に改定を行うか，臨時改定事由または業績悪化改定事由に該当する場合のみです。

　7月1日に法人を設立した場合，Aのように3ヵ月以内に支給を開始し，その後事業年度末まで同額を支給すれば損金になります（臨時改定事由または業績悪化改定事由に該当する場合は変更可）。

　一方で，Bのように事業年度開始日から3ヵ月以上経過した1月から役員給与の支給を開始した場合，「その支給額 ×（支給月～期末までの月数）分」が損金不算入になる（法人税法上，経費にならない）可能性が高いと考えられます。

　そのため，この例では月額30万円× 3ヵ月（1～3ヵ月）＝90万円が法人税の計算上は損金として認められない可能性が高く，申告書上で所得に加算されます。

4 – 4 おおむね一定の経済的利益

「継続的に供与される経済的利益のうち，その供与される利益の額が毎月おおむね一定であるもの」は，定期同額給与として取り扱われます。

 Q & A **役員の親族である従業員に対する給与の留意点は？**

使用人（従業員）への給与は，基本的には損金ですが，経営者の配偶者や親・子に多額の給与を支払い，自らの所得を分散させることもあります。そのため，使用人であっても，一定の要件に該当する役員の親族に対して支給する過大な給与は，損金の額に算入されません。

4 – 5 役員賞与

法人が役員に対して支払う賞与を法人税法上の経費（損金）にするためには，原則として「事前確定届出給与」の要件を満たす必要があります。

① 事前確定届出給与とは？

事前確定届出給与とは，「その役員の職務につき所定の時期に，確定した額の金銭または確定した数の株式（出資，新株予約券等を交付する場合も含む）を交付する旨の定めに基づいて支給される給与」で，定期同額給与および業績連動給与のいずれにも該当しない一定の要件を満たすものをいいます。

② 金銭で支給する役員賞与を損金にするときの注意ポイントは？

金銭で支給する役員賞与を損金にするためには，次の要件を満たす必要があります。

　i 期日までに「事前確定届出給与に関する届出書」を税務署に提出する。

　ii 届出書に記載したとおりの「支給時期（年月日）」に，届出書に記載したとおりの「支給額」を支給する。

なお，届出書に記載した支給日や支給額と実際の支給日や支給額が異なる場合，全額が法人税法上の経費として認められないため注意しましょう。

また，毎月役員給与を支給しない役員に対して同族会社に該当しない法人が

64

支給する金銭による給与などは，一部届出が不要となる場合があります。

 Q&A **高すぎる役員給与はどうなる？**

役員給与のうち，不相当に高額な部分の額は，損金の額に算入されません。不相当に高額であるか否かは，職務内容や株主総会等の決議により定めた限度額等を考慮して判断します。

③ 役員賞与を支給するための届出書の提出期限は？

i 原則

次のＡまたはＢのうちいずれか早い日が届出書の提出期限です。

Ａ 株主総会等の決議によりその定めをした場合における株主総会等の決議をした日[※1]から1ヵ月を経過する日（ⅱ，ⅲに該当する場合を除く）

Ｂ その会計期間開始の日から4ヵ月[※2]を経過する日

[※1] 決議日が職務執行を開始する日以後である場合には，その開始する日
[※2] 確定申告書の提出期限の延長の特例に係る税務署長の指定を受けている法人はその指定に係る月数に3を加えた月数

ⅱ 新設法人

その設立の日以後2ヵ月を経過する日が届出書の提出期限です。

ⅲ 臨時改定事由（役員の職制上の地位の変更，職務の内容の重大な変更その他これらに類するやむを得ない事情により対象役員の職務につき定めをした場合）

次のうちいずれか遅い日が提出期限です。

• 上記ⅰに掲げる日（ⅱに該当する場合は，ⅱの日）
• 臨時改定事由が生じた日から1ヵ月を経過する日

Q & A　「事前確定届出給与に関する届出書」の原則の提出期限は？

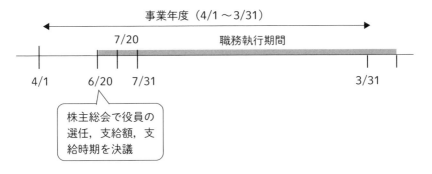

届出期限

1　①と②のいずれか早い日から 1 ヵ月以内：7 月 20 日

　　①　株主総会等の決議をした日：6 月 20 日

　　②　職務の執行を開始した日：6 月 20 日

2　会計期間開始の日から 4 ヵ月を経過する日：7 月 31 日

3　1 と 2 のいずれか早い日 = 7 月 20 日が届出期限

　　なお，すでに事前確定届出給与に関する届出をしている法人が臨時改定事由または業績悪化改定事由によりその届出内容を変更する場合は，「事前確定届出給与に関する変更届出書」を決められた期日までに提出します。

5 | 源泉所得税

スズキ社長

知り合いの会社で，税務調査で源泉所得税の徴収漏れを
指摘されて，追徴だって…。
それって，どういうことですか？

ケイコ税理士

源泉所得税の対象となる支払いをするときは，「源泉所得税」を
徴収しなければならないこととされています。徴収漏れがある
と調査等で指摘され，ペナルティがかかることもあります。

5－1　源泉徴収制度とは？

　源泉徴収制度は，給与や利子，配当，税理士などへの報酬等を支払う者が，その所得を支払う際に所得税額を計算し，支払金額から所得税額を差し引いて支払い，その預かった源泉所得税を国に納付する制度です。2037年までは，復興特別所得税を併せて徴収します。

Q & A　**法人には源泉徴収義務があるの？**

　　　　　　所得税等を徴収して国に納付する義務のある者を「源泉徴収義務
　　　　　　者」といい，法人は源泉徴収義務があります。源泉所得税の徴収
　　　　　　が漏れると，不納付加算税や延滞税等の罰金が課される場合もあ
　　　　　　るため，徴収漏れがないようにしましょう。個人からの請求書等
　　　　　　の場合，源泉所得税の控除が記載されていなくても，実際には源
　　　　　　泉徴収が必要なケースもあるため注意が必要です。

5 - 2　源泉徴収の対象となる支払い

　支払先が居住者，内国法人または非居住者および外国法人かによって，源泉
徴収の対象となる所得の範囲は変わります。居住者は，国内に住所がある個人
等をいい，実際に源泉徴収をする際はこのケースが最も多いと考えられます。
　一般的には，配当等，給与等，税理士や司法書士，原稿料やデザイン料等の
報酬・料金等について源泉徴収する場合が多いです。
　源泉徴収の対象となる所得の範囲は国税庁ホームページ「源泉徴収のあらま
し」などで確認できます。

5 - 3　源泉所得税の納付方法

　源泉徴収義務者が源泉徴収をした所得税等は，原則としてその源泉徴収の対
象となる所得を支払った月の翌月10日までに税務署に納付しなければなりませ
ん。納付期限が土日・祝日にあたる場合は，その休日明けの日が納付期限です。
　なお，後述する「納期の特例の適用」を受けている場合を除きます。
　また，非居住者や外国法人に支払う場合などは一部例外があります。
■**納付手順**
　「給与所得・退職所得等の所得税徴収高計算書」（納付書）に支払年月日，人
員，支給額，税額等を記載して金融機関や税務署で納付します。

68

〈給与所得・退職所得等の所得税徴収高計算書（納付書）のイメージ〉

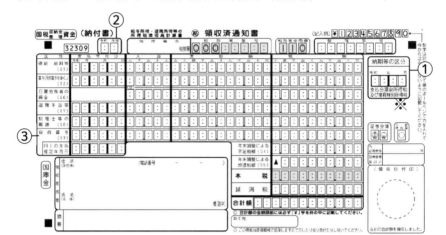

（国税庁資料に著者加筆）

① 毎月納付の場合と納期の特例を受けている場合では，納付書の様式が異なります。右上の「納期等の区分」の欄が○年○月と単月になっていれば，毎月納付用の納付書です（納期の特例を受けている場合は5-6参照）。

② 年度は会計年度です。たとえば，令和5年4月1日から令和6年3月31日の場合，令和05年度のため「05」と記載します。

③ 期間中に賞与の支払いがある場合，忘れずに記入します。役員賞与の場合は，「役員賞与」の欄に記載をします。

 Q&A 源泉所得税額が「ゼロ」の場合も納付書の提出は必要？

納付する源泉所得税額がない場合でも，給与所得・退職所得等の所得税徴収高計算書の提出は必要です。郵送等で税務署に納付書を送付するか，e-Taxによる電子申告を行います。

5-4 源泉徴収で気をつけるポイント

ポイント1 「納期の特例」の適用開始日に注意！

源泉所得税は，原則として徴収した日の翌月10日が納期限です。しかし，給

与の支給人員が常時 10 人未満である源泉徴収義務者が，給与や退職手当，税理士などへの報酬等について源泉徴収をした所得税および復興特別所得税について，申請すると半年分をまとめて納付できる特例制度があります。これを「納期の特例」といいます。

■ **納期の特例の適用開始日**

　原則として，「源泉所得税の納期の特例の承認に関する申請書」を提出した日の翌月に支払う給与等から適用されます。つまり，提出した月以前の源泉所得税については，原則どおり翌月 10 日までに納める必要があります。

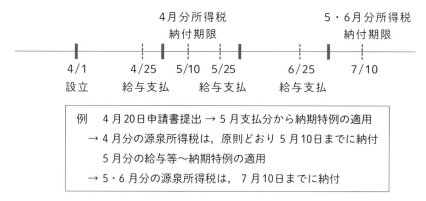

　　　例　　4 月 20 日申請書提出 → 5 月支払分から納期特例の適用
　　　　→ 4 月分の源泉所得税は，原則どおり 5 月 10 日までに納付
　　　　　5 月分の給与等～納期特例の適用
　　　　→ 5・6 月分の源泉所得税は，7 月 10 日までに納付

　4 月分の源泉所得税は納期特例の対象にならないため，注意が必要です。

| ポイント 2 | **納期の特例の対象となる所得は限定！**
対象外の報酬・料金は翌月に納付！ |

　納期の特例はすべての源泉徴収対象の所得についてではなく，給与や退職手当，税理士などの報酬・料金について適用されます。そのため，その他の原稿料やデザインなどの報酬・料金などに係る源泉所得税等は，原則どおり支払月の翌月 10 日までに納付する必要があります。

| ポイント 3 | **個人事業主との取引時は注意！** |

　本来，源泉徴収が必要な支払いであっても，個人事業主からの請求書には源泉所得税を差し引く記載がないことも多いです。源泉徴収義務者はあくまでも支払側（会社）です。支払前にしっかり確認しましょう。

70

5-5 【納期の特例を受ける場合】
　　　源泉所得税の納付（1〜6月分）

　「源泉所得税の納期の特例の承認に関する申請書」を提出し，その後却下等がない場合は，1〜6月分の給与・賞与や税理士などの報酬支払時に差し引いた源泉所得税を<u>7月10日までに</u>納めます。

■納付手順

　「給与所得・退職所得等の所得税徴収高計算書」（納付書）に支払年月日，人員，支給額，税額等を記載して金融機関や税務署で納付します。

〈**給与所得・退職所得等の所得税徴収高計算書（納付書）のイメージ**〉

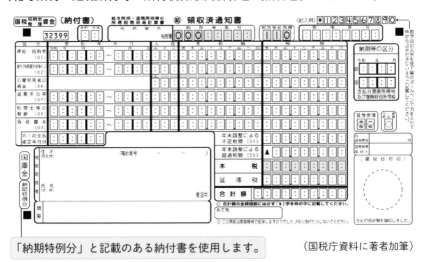

　「納期特例分」と記載のある納付書を使用します。

（国税庁資料に著者加筆）

5-6 【納期の特例を受ける場合】
　　　源泉所得税の納付（7〜12月分）

　納期の特例の適用を受ける場合，7〜12月分の給与等や税理士などの報酬の支払いの際に差し引いた源泉所得税を<u>翌年1月20日までに</u>納めます。1月に源泉所得税を納付する際は，年末調整で従業員に還付した所得税額を徴収した所得税額から差し引いて納付します。

Q&A　**従業員が増えて，納期の特例が使えなくなったら？**

　　　　毎月給与を支払う従業員の人数が 10 人以上になる場合は，納期特例の適用を受けることができなくなります。その場合は，毎月源泉所得税を納付する必要があります。

　　　　また，「源泉所得税の納期の特例の要件に該当しなくなったことの届出書」を遅滞なく税務署へ提出します。

5－7　ダイレクト納付で銀行に行かずに納付！

　ダイレクト納付は，e-Tax（国税電子申告・納税システム）により申告書等を提出した後，納税者名義の預金口座から，即時または指定した期日に口座引落しにより国税を電子納付する手続きです。手順は次のとおりです。

〈事前準備〉

①　e-Tax の利用開始手続きを行います。

②　税務署に届出書を郵送します。

〈申告〜納付〉

③　給与所得・退職所得等の所得税徴収高計算書を「e-Tax」で電子申告後，納税手続きをします。

　なお，②の届出後，納付できるようになるまでに期間を要するため，時間にゆとりをもって準備しましょう。

　また，住民税の納付など地方税をダイレクト納付する場合は，eLTAX の手続きが必要です。

6 | 住民税の納期に関する特例

スズキ社長

従業員の給与から預かった住民税は，毎月納付しないと
いけないですか？

ケイコ税理士

原則は翌月10日までに納付です。
ただし，一定の要件を満たす場合は毎月ではなく半年に
一度の納付にできる納期の特例制度があります。

　従業員が常時10人未満の場合，会社が特別徴収する住民税に納期の特例があります。これは従業員から給与で天引きした住民税について，毎月ではなく半年に一度の納付にできる制度です。この場合は，納期の特例の申請書を対象の市区町村へ提出する必要があります。

 納付の時期で注意することはありますか？

給与等で徴収した「所得税」と「住民税」は，それぞれ納付の時期が異なります。納付漏れになると，延滞税などがかかることがあるため注意しましょう。

税目	対象期間	納付期限
所得税	1〜6月	7月10日
	7〜12月	翌年1月20日
住民税	6〜11月	12月10日
	12〜翌年5月	6月10日

7 ｜ 印紙税

スズキ社長

> 知り合いの会社で，印紙税の調査があるらしいです。

ケイコ税理士

> 税務調査は，法人税だけではなく，源泉所得税，印紙税，事業税などの調査もあります。印紙税は「過怠税」といって重いペナルティがかかることもあるため，注意しましょう。

7 − 1　印紙税とは？

　印紙税が課税される文書（課税文書）として規定されている書類には，収入印紙を貼らなければならないこととされています。課税文書は，印紙税法別表第一の課税物件表に掲げられている20種類の文書のうち，非課税文書に該当しないものです。

　なお，非課税文書は，課税物件表に掲げられている文書のうち，次のいずれかに該当する文書です。

① 　課税物件表の非課税文書に掲げる文書

② 　国，地方公共団体または印紙税法別表第二に掲げる者が作成した文書

③ 　印紙税法別表第三の上欄に掲げる文書で，同表の下欄に掲げる者が作成した文書

④ 　特別の法律により非課税とされる文書

　たとえば，5万円以上の商品代金等の領収書は印紙が必要です。収入印紙が必要な書類は，国税庁ウェブサイトに掲載されている「印紙税額一覧表」で確認しましょう。

■印紙税の課税判定フロー

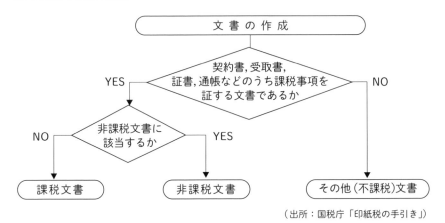

（出所：国税庁「印紙税の手引き」）

7－2　印紙税の納付方法とペナルティ

　課税文書の作成者は，原則として，収入印紙を貼り付ける方法により印紙税を納付します。この場合に，割印等をする必要があります。

　課税文書に収入印紙を貼っていないと，本来の印紙税額とその2倍相当額の合計額に相当する「過怠税」という重いペナルティが徴収されます。課税物件表で，課税文書に該当しないかを確認しましょう。当然，過怠税は損金になりません。

8 ｜ 法定調書 （1月）

スズキ社長

未提出の書類があると税務署から問い合わせがくるんですか？
知り合いの会社で連絡がきたみたいで…。

ケイコ税理士

法定調書は，所得税法などで税務署への提出が義務づけられて
います。提出期限は毎年支払年分の翌年 1 月31日で，
ペナルティもあるので気をつけましょう。

　所得税法などの規定により「法定調書」を税務署に提出することが義務づけられています。現時点で法定調書は60種類程度ありますが，法人が提出しなければならない法定調書は一般的に次のとおりです。スタートアップでは，1，3，4 が特に多いです。

　　1　　給与所得の源泉徴収票
　　2　　退職所得の源泉徴収票
　　3　　報酬，料金，契約金及び賞金の支払調書
　　4　　不動産の使用料等の支払調書
　　5　　不動産等の譲受けの対価の支払調書
　　6　　不動産等の売買又は貸付けのあっせん手数料の支払調書

　各法定調書を合計して 1 枚の表に記載した「給与所得の源泉徴収票等の法定調書合計表」（法定調書合計表）を 1 月31日までに所轄の税務署に提出します。この際，提出対象の法定調書も法定調書合計表に添付して提出します。

　なお，法人の役員の場合は年間給与額が150万円を超える場合などは，源泉徴収票が税務署に提出されます。

　また，支払調書の提出期限が過ぎた場合，所得税法に基づいて 1 年以下の懲役（拘禁刑），または50万円以下の罰金が科される可能性があります。

9 給与支払報告書 1月

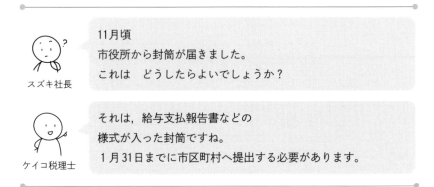

スズキ社長
11月頃
市役所から封筒が届きました。
これは どうしたらよいでしょうか？

ケイコ税理士
それは，給与支払報告書などの
様式が入った封筒ですね。
1月31日までに市区町村へ提出する必要があります。

　給与支払者は，年末調整を行う年の翌年1月1日現在において給与等の支給を受けているすべての受給者の「給与支払報告書」を，給与の支給を受ける人が居住する市区町村へ1月31日までに郵送や電子申告（eLTAX）により提出します。その際，「給与支払報告書総括表」を添付します。提出された給与支払報告書は，個人の住民税を計算するための基礎情報になります。

　なお，年の中途で退職した方については，退職時の住所地の市区町村に給与支払報告書を提出します。退職した方に対する給与等の支払金額が30万円以下の場合は，提出を省略することができます。

■給与支払報告書の提出は各市区町村へ

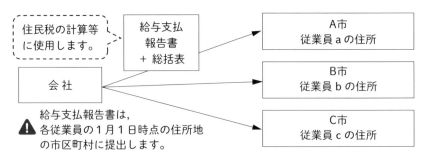

10 | 償却資産申告書 　1月

スズキ社長

株式会社DXコネクトサービスは
償却資産申告書の提出が必要ですか？

ケイコ税理士

償却資産申告書について説明しますね。
損しないポイントもお伝えします。

10 - 1　償却資産申告書とは？

　固定資産税は，1月1日（賦課期日）現在の土地，家屋および償却資産（機械装置や器具備品などの固定資産）の所有者に対して，その固定資産が所在する市町村が課税します。

　土地と家屋は，登記されている情報等をもとに市町村で評価額を計算します。一方，償却資産は登記情報等がないため，所有者が1月31日までに償却資産の所在地の市町村に申告します。

10 - 2　納　付

　納付は，年4回の分割納付か一括納付です。

　分割納付の納期は，東京都23区では6月，9月，12月，翌年2月です。

　なお，償却資産の課税標準額が150万円未満の場合は課税されないので，固定資産をもたないスタートアップは課税がない場合もあります。

10 - 3　注意点

①　耐用年数を過ぎた古い資産も申告対象

耐用年数が過ぎた古い資産でも，使用できる状態であれば申告対象です。

②　過年度への遡及

調査に伴う申告内容の修正や，資産の申告漏れ等による賦課決定に際しては，過年度まで遡及することとなります。

③　少額資産の取扱い

一括償却資産は申告対象外ですが，中小企業特例の少額資産は償却資産の申告対象です（第5章参照）。

 償却資産の申告で損しないためには？

　　償却資産は，1月1日時点で所有する資産を自己申告し，その内容に基づき，固定資産税が課税されます。そのため，すでに処分した資産等は減少や除却とし，所有していない資産にまで課税されることのないよう，きちんと償却資産申告書を確認しましょう。今後使用する見込みがなく処分予定であれば，12月中に処分するのも1つの方法です。

11 決算予測 決算前々月～前月

スズキ社長

第 3 四半期も終わって，あと 2 ヵ月で決算ですね。
この時期にやるべきことはありますか？

ケイコ税理士

決算予測をして，今期の最終損益の予測を
立てましょう。

　決算日の 1 ～ 2 ヵ月前に，前月までの実績＋当月～決算日までの見込みにより，当期の最終損益の予測を数値化しておくと，納税資金の準備等に役立ちます。3 月決算の場合は 1 ～ 2 月頃に行います。

　決算予測を立てやすくするには以下のようなポイントがあります。

① 賞与引当金や賞与に係る社会保険料を毎月概算計上

　賞与を支払う場合，支払月に一括計上するのではなく，賞与引当金として毎月引当額を計上しておくと，支払月の損益の歪みが減ります。また，賞与に係る社会保険料も毎月概算計上するとより精度が上がります。

② 減価償却引当金の計上

　固定資産を保有する法人の場合，決算月にまとめて年間の減価償却費を計上すると，決算月に大きく利益が減少します。そこで，年間の減価償却費の予測額を立てそれを当期の月数で割り，概算の減価償却費を引当金として毎月計上すると，決算での損益の大きな変動を抑えられます。なお，高額な減価償却資産を購入したときは引当額を見直します。

　このように，毎月概算額を引当金計上することにより，月次試算表の精度が向上し，決算月で損益が大きく変わるリスクを抑えられます。

12 | 在庫棚卸 [決算月]

スズキ社長

今期買ったけれど，来期に使う印紙って
どうなりますか。

ケイコ税理士

決算日時点の在庫の数を数えてくださいね。
帳簿残高と実際の残高が一致しているかも確認しましょう。

　法人が商品や製品の購入の際に支払った対価は支払いをした年度ではなく，売上を計上した年度の売上原価になります。その売上原価を計算するために必要な決算日の作業として棚卸を行います。

　具体的には，決算日時点の商品や製品，原材料などの棚卸資産の数量を数えます。棚卸を行う頻度は会社により毎月，四半期ごと，半期に一度などさまざまですが，期末には必ず実施します。実際に数量を数えて行う棚卸を実地棚卸といいます。

　なお，商品だけではなく，収入印紙や切手なども原則として使用年度の経費になるため期末日時点の数量を数えます。

　売上原価は次のとおり計算します。

　「期末商品棚卸高」は期末商品数量×単価により計算します。棚卸により把握した数量は売上原価にこのように関係しています。

第 4 章

社会保険＆給与の
期中 ToDo

税務と同様に重要な社会保険。
法人は社会保険の加入が義務です。
「株式会社 DX コネクトサービス」でも，
社会保険や給与について確認します。

■ 社会保険＆給与のＴｏＤｏチェックリスト ■

No	給与関係のタスク	期限・時期	✓
1	給与規程等の作成	速やかに	
2	【従業員入社時】労働者名簿の作成		
3	【従業員入社時】標準報酬月額の決定		
4	【従業員入社時】以下の書類の預り マイナンバー情報，扶養控除等（異動）申告書， 前職源泉徴収票		
5	【自社計算の場合】給与計算ソフトの導入		
6	【自社計算の場合】給与ソフトへ基本情報の入力 （従業員の氏名や，基本給等）		
7	【自社計算の場合】毎月の給与締日後に給与計算 （給与明細，賃金台帳の作成等含む）	毎月締日〜 振込手続	
8	社会保険料の口座振替手続き	速やかに	
9	【7月】算定基礎届	7月10日	
10	【随時】月額変更届	給与改定 3か月後	
11	【随時】賞与支払届	賞与支払日 から5日	
12	労働保険申告書	6月1日〜 7月10日	
13	【11月】年末調整に必要な資料の収集・配付		
14	【12月】年末調整（源泉徴収票の交付等）		

1 ｜ 社会保険

スズキ社長

> 株式会社DXコネクトサービスも社会保険に加入しないと
> いけないですか？
> そもそも，社会保険って何ですか？

ケイコ税理士

> 法人は，健康保険や厚生年金保険への加入は義務です。
> 社会保険は初めは少し難しいかもしれません。
> スケジュールやしくみを知っておくといいですね。

1-1　社会保険＆給与のスケジュール

社会保険＆給与の主な手続きは次のとおりです。全体像を把握しましょう。

X3/4/1	毎月末	X3/7/10	例年3月～	X4/6～	X4/7/10
設立	社会保険料	算定基礎届	健康保険料率・	住民税	労働保険
年金事務所	の支払	の提出期限	雇用保険料率の	特別徴収	申告書※
届提出			変更確認	（給与から天引き）	
（登記完了後）					

X3/12
年末調整

算定基礎届
の提出期限

労働保険	X3/4/25	X3/随時	X4/3/31	役員報酬改定時期
手続き※	初回給与計算・	賞与の支給を	決算日	従業員昇給時期
	給与振込	する場合,賞与		等級が2等級以上変動
	以降毎月同日	支払届の提出		する場合,月額変更届
		（夏期・冬期 賞与共通）		
	社会保険料等の			
	天引きが必要		※従業員がいる場合。役員のみの場合は不要	

1 − 2　社会保険（狭義）と労働保険

　社会保険は，病気，傷害，事故，失業，老後の生活など国民の生活をおびや
かす事態になったとき，生活を保障する目的で設けられた公的な保険です。狭
義では健康保険，厚生年金保険，介護保険を指し，広義では，これに雇用保険，
労災保険を加えます。

```
┌──────── 社会保険（広義）────────┐
│  ┌──── 社会保険（狭義）────┐   ┌── 労働保険 ──┐ │
│  │                        │   │              │ │
│  │ ・健康保険              │   │ ・雇用保険    │ │
│  │  業務以外のケガや病気など │   │  失業に対する生活援助 │ │
│  │  に対する保障           │   │  など雇用に対する保障 │ │
│  │                        │   │              │ │
│  │ ・厚生年金保険          │   │ ・労働保険    │ │
│  │  老後の生活，障害，死亡に │   │  業務上，通勤中のケガ │ │
│  │  対する保障            │   │  や病気などに対する保障 │ │
│  │                        │   │              │ │
│  │ ・介護保険             │   │              │ │
│  │  高齢者や老化による介護が │   │              │ │
│  │  必要な人に対する保障    │   │              │ │
│  └────────────────────────┘   └──────────────┘ │
└────────────────────────────────────────────────┘
```

① 　健康保険，介護保険，厚生年金保険

■加入対象者

- 常時使用される人（正社員）：加入対象（被保険者）
- パート・アルバイトで1ヵ月の所定労働日数及び1週間の所定労働時間が
  フルタイムの4分の3以上の方：加入対象（被保険者）
- 従業員数101人以上（2024年10月からは51人以上）の企業で働くパート・ア
  ルバイト等で，以下のすべてに当てはまる方

　　□　週の所定労働時間が20時間以上

　　□　月額賃金が8.8万円以上

　　□　2ヵ月を超える雇用の見込みがある（フルタイムと同様）

　　□　学生ではない

　なお，介護保険料は40歳から負担しますが，65歳以上になると第 1 号被保険者となり，原則として公的年金等から天引きされます。

■運営者と手続先

　全国健康保険協会に加入する場合と個別の健康保険組合に加入する場合で，手続先が異なります。

- 全国健康保険協会（協会けんぽ）→ 管轄の年金事務所
- 個別の健康保険組合　　　　　　→ 健康保険組合

 Q & A　個別の健康保険組合とは？

　　　　　　　　企業ごと，または同業種の企業が共同で設立する健康保険組合のことです。例えば，特定の地域の建設業などがつくる健康保険組合などがあります。

■納付の流れ・時期

　健康保険，介護保険，厚生年金保険料は，従業員と会社が 1 / 2 ずつ負担します。給与から天引きした従業員が負担する保険料と会社負担分を合わせて年金事務所に納付します。手続きを行うことにより，口座振替が可能です。

　納付時期は対象月の翌月末（例： 4 月分 → 5 月末納付）で，料率は協会けんぽや組合ごとに異なるため対象のウェブサイトで確認します。

② 雇用保険，労災保険

■加入対象者

　雇用保険：週の労働時間が20時間以上で31日以上雇用される予定の人

　労災保険：すべての従業員が対象

　原則，事業主や法人の役員などは労働保険（雇用保険・労災保険）の適用対象外です。また，事業主の家族である従業員も適用除外になります。

　なお，従業員に該当しない中小企業の事業主やその家族でも，業務の実態などにより，労災保険の適用を受けられる場合があります（特別加入制度）。

■運営者と手続先

- 雇用保険：公共職業安定所（ハローワーク）

86

- 労災保険：労働局または労働基準監督署

　申請は書面のほか，e-Gov（電子申請システム）による申請も可能です。

■納付の流れ・時期

　原則として年に一度，毎年6月1日～7月10日までに労働保険料を計算して労働保険料の申告と納付を行います。前年度（4/1～3/31）の概算額と確定額を精算し，今年度の概算保険料の納付を行います。

　納付は，一定の場合には3回に分けて分割納付することもできます。

　料率は，年度・業種により異なるため，厚生労働省のウェブサイトで確認します。

1-3　会社が負担する社会保険料の割合は？

　加入する健康保険の保険者や，年度・業種等により異なりますが，経営計画上，会社負担分はおおむね対象給与額等の「15～16%」で計算します。

1-4　法人向け助成金

　一定の方を雇用した場合には，各種助成金が受けられる場合があります。厚生労働省等のウェブサイトで確認するか，専門家に相談しましょう。

■法人向け助成金

助成金名	内　　容
キャリアアップ助成金	有期雇用労働者，短時間労働者，派遣労働者などの非正規雇用労働者の企業内のキャリアアップを促進するため，正社員化，処遇改善の取組を実施した事業主に対して包括的に助成
特定求職者雇用開発助成金	ハローワークなどの職業紹介により，就職が困難な方（障害者，高齢者，母子家庭の母など）を採用した場合に助成
トライアル雇用助成金	職業経験，技能，知識等から安定的な就職が困難な求職者を一定期間トライアル雇用した場合に助成

Q & A　社会保険の手続きを専門家へ依頼する場合は？

社会保険の手続きは労務関係のスペシャリストである社会保険労務士へ依頼します。なお，給与計算は税理士と社会保険労務士の双方が行いますが，社会保険に関する書類提出等は社会保険労務士，年末調整は税理士の業務になります。

2 │ 給与計算のしくみ

スズキ社長

先生，給与は額面と手取りで違いますよね。

ケイコ税理士

社会保険料や所得税等が引かれますからね。
「給与計算」のしくみを知っておくといいですよ。
給与規程，給与明細や会社保存の帳票の作成も行います。

2－1　給与計算の基本

　法人では従業員を雇用して給与を支払います。給与や賞与を賃金といい，ルールが定められています。

①　賃金支払いの5原則
　労働基準法では，次の5つの原則を守ることを会社に義務づけています。

原則①　**通貨で支払う**

　商品や株式などの現物での支払いはできません。ただし，労働協約に定めがある場合は現物支給できます。

原則②　**本人に直接支払う**

　従業員の配偶者や親などが支払いを求めても支払ってはいけません。

原則③　**全額を支払う**

　会社都合による残業代の後払いや貸付金との相殺はできません。

| 原則④ | 毎月 1 回以上支払う |

給与は毎月 1 回以上支払わなければなりません。

| 原則⑤ | 一定の期日に支払う |

毎月決められた日に給与を支払わなければなりません。

②　労働時間に関するルール

労働時間とは，「労働者が使用者に労務を提供し，使用者の指揮命令下にある時間」です。指示を待っている時間も含まれます。

労働基準法では，労働時間について 1 日および 1 週間の上限を定めており，これを法定労働時間といいます。法定労働時間は，原則として 1 日 8 時間まで，1 週間40時間までです。これを超える勤務時間は，時間外労働として割増賃金を支払わなければなりません。

法定労働時間とは別に，9 時から17時までなどと会社が定める労働時間は，所定労働時間といいます。所定労働時間は法定労働時間内でなければなりません。

③　給与計算の流れ

スタートアップの場合，給与計算は経理担当者が行うことも少なくないようです。給与計算は，知識も必要となるため，社内のリソースを考えて，税理士や社労士への外注も選択肢の 1 つです。

自社で計算を行う場合，毎月の給与締日後に以下の流れで給与計算を行います。給与計算ソフトを導入すると，ミス防止に役立ちます。給与計算ソフトを使用する場合，前もって従業員の氏名などの基本情報を入力します。

ⅰ　勤怠欄から各項目の支給額を計算し，支給額を合計して「総支給額」を計算します。

ⅱ　控除する社会保険料や所得税等を計算します。その他住民税などの控除項目も入力し，「控除合計額」を計算します。

ⅲ　総支給額から控除合計額を差し引いて「差引支給額」を計算します。

ⅳ　給与明細を作成し，従業員へ交付するとともに，会社保存の帳票を作成
し，従業員の口座へ振込みます。

〈給与明細イメージ〉

○ 年　○月支給分

給与明細書

A 勤 怠	出勤日数	休日出勤日数	有給休暇	勤怠欄には，出勤日数 や出勤時間，欠勤に関 する項目を記載する。
	出勤時間	遅刻・早退時間	普通残業時間	
B 支 給	基本給	役職手当	通勤手当	支給欄には，基本給や 各種手当の項目と金額 を記載する。
	残業手当		総支給額	
C 控 除	健康保険料	介護保険料	厚生年金保険料	控除欄には，控除する 社会保険料や所得税， 住民税を記載する。
	所得税	住民税	控除合計額	
			差引支給額	B.総支給額−C.控除合 計額で差引支給額を計 算する。

　基本給や役職手当等の給与の額は，給与規程に定め，採用時に取り交わす雇
用契約に記載します。

2−2　徴収する社会保険料の計算方法

　会社が支払う給与等は社会保険では報酬といいます。報酬の月額を基礎とし
て，入社時や毎年行う定時決定，給与等が大幅に変動したときに行う随時改定
などの際に標準報酬月額（等級）を決定します。その等級を保険料額表に当て
はめて社会保険料を算出し，その社会保険料を毎月の給与から差し引きます。

 Q&A　**給与と社会保険の等級は？**

　　　　健康保険と厚生年金保険の毎月の保険料は，報酬の月額によって等
　　　　級が決まり，その等級により保険料の金額が決まります。

2 － 3　源泉徴収する所得税額の計算

　総支給額と控除する社会保険料の計算をした後，計算対象の年分の「源泉徴収税額表」を使用して，差し引く所得税額を計算します。

①　「総支給額－非課税給与＝課税給与」を計算する。

　一定額の通勤手当などは所得税がかからない非課税給与です。非課税額は，通勤手段や距離により異なるため，国税庁ウェブサイトで確認します。

②　「①－社会保険料＝所得税の課税対象額」を計算する。

　①で計算した課税給与から，社会保険料の従業員負担分を控除します。この社会保険料を差し引いた後の給与額が所得税の課税対象額です。

③　②と扶養控除等（異動）申告書の扶養情報から税額を計算する。

　控除する所得税額は，課税対象額と扶養家族の人数等によって異なります。注意すべきは，源泉所得税額表の甲欄はその年分の「扶養控除等（異動）申告書」が従業員から提出されている場合に適用できることです。提出がない場合は，より高い税額の乙欄で所得税を徴収します。

　なお，「扶養控除等（異動）申告書」は，主たる勤務先1ヵ所のみに提出可能です。

　また，年末調整時に翌年分を従業員から受け取ることになっていますが，新入社員のように前年の年末調整時に在籍していなかった人は，その年分の「扶養控除等（異動）申告書」を入社時などに本人から忘れずに受け取りましょう。

2 － 4　会社が保存しなければならない給与関係の帳票

①　法定3帳簿

　労働基準法によって会社に作成と保管が義務づけられている帳票があります。特に労働者名簿・賃金台帳・出勤簿（タイムカード）は「法定3帳簿」と呼ばれる重要な書類です。

・労働者名簿

　氏名，生年月日，住所など個人の基本情報が記載された書類で，記載事項が

決まっています。従業員が入社したらすぐに労働者名簿を作成します。

・**賃金台帳（給与台帳）**

　給与の計算期間や労働日数，基本給や各種手当の金額などを記載する書類で，給与を支払う都度記入します。

・**出勤簿**

　タイムカードのように，従業員の労働時間などを正確に把握するために作成する書類です。記載が必要な事項は規定されていませんが，労働日数や労働時間，残業時間など給与計算の基礎となる日数や時間が記載されている必要があります。

②　各帳票の保存期間

　各帳票は保存義務があり，労働保険や社会保険の各種手続き，労働基準監督署の調査等で提示を求められることもあるため，管理と保存をしっかり行いましょう。

帳票	保存期間
労働者名簿など，雇入れ，解雇，退職に関する書類	従業員の退職，解雇，死亡の日から3年間
賃金台帳など，賃金その他労働関係に関する書類	従業員の最後の給与について記入した日，あるいはその完結から3年間
出勤簿	従業員が最後に出勤した日から3年間

2-5　手取り額を計算してみよう

　社会保険や税金が実際にいくら差し引かれるか気になるスズキ社長。

　そこで，スズキ社長の役員報酬の手取り額を計算してみましょう。

■ **前　提：役員報酬額30万円　　標準報酬月額30万円**

　　　　　28歳（40歳未満のため介護保険料なし）

　　　　　協会けんぽ（独自の健康保険組合はない。東京都の料率使用）

　　　　　扶養家族はなし

　　　　　扶養控除等（異動）申告書の提出がある

STEP 1　総支給額の計算

　総支給額は，役員報酬額の30万円です。

STEP 2　【控除額】控除する社会保険料金額の計算

　協会けんぽ（東京都）の保険料額表で社会保険料を確認します。

　なお，該当年分の保険料額表を確認しましょう。

　また，保険料率は都道府県によって異なるため，該当の都道府県の保険料額表を確認しましょう。

令和5年3月分（4月納付分）からの健康保険・厚生年金保険の保険料額表

・健康保険料率：令和5年3月分～　適用　　・厚生年金保険料率：平成29年9月分～　適用
・介護保険料率：令和5年3月分～　適用　　・子ども・子育て拠出金率：令和2年4月分～　適用

（東京都）

（単位：円）

標準報酬		報酬月額		全国健康保険協会管掌健康保険				厚生年金保険料（厚生年金基金加入員を除く）	
				介護保険第2号被保険者に該当しない場合		介護保険第2号被保険者に該当する場合		一般、坑内員・船員	
等級	月額			10.00%		11.82%		18.300%※	
				全額	折半額	全額	折半額	全額	折半額
		円以上	円未満						
1	58,000	～	63,000	5,800.0	2,900.0	6,855.6	3,427.8		
2	68,000	63,000 ～	73,000	6,800.0	3,400.0	8,037.6	4,018.8		
3	78,000	73,000 ～	83,000	7,800.0	3,900.0	9,219.6	4,609.8		
4(1)	88,000	83,000 ～	93,000	8,800.0	4,400.0	10,401.6	5,200.8	16,104.00	8,052.00
5(2)	98,000	93,000 ～	101,000	9,800.0	4,900.0	11,583.6	5,791.8	17,934.00	8,967.00
6(3)	104,000	101,000 ～	107,000	10,400.0	5,200.0	12,292.8	6,146.4	19,032.00	9,516.00
7(4)	110,000	107,000 ～	114,000	11,000.0	5,500.0	13,002.0	6,501.0	20,130.00	10,065.00
8(5)	118,000	114,000 ～	122,000	11,800.0	5,900.0	13,947.6	6,973.8	21,594.00	10,797.00
9(6)	122,000	122,000 ～	130,000	12,200.0	6,300.0	14,893.2	7,446.6	23,058.00	11,529.00
10(7)	134,000	130,000 ～	138,000	13,400.0	6,700.0	15,838.8	7,919.4	24,522.00	12,261.00
11(8)	142,000	138,000 ～	146,000	14,200.0	7,100.0	16,784.4	8,392.2	25,986.00	12,993.00
12(9)	150,000	146,000 ～	155,000	15,000.0	7,500.0	17,730.0	8,865.0	27,450.00	13,725.00
13(10)	160,000	155,000 ～	165,000	16,000.0	8,000.0	18,912.0	9,456.0	29,280.00	14,640.00
14(11)	170,000	165,000 ～	175,000	17,000.0	8,500.0	20,094.0	10,047.0	31,110.00	15,555.00
15(12)	180,000	175,000 ～	185,000	18,000.0	9,000.0	21,276.0	10,638.0	32,940.00	16,470.00
16(13)	190,000	185,000 ～	195,000	19,000.0	9,500.0	22,458.0	11,229.0	34,770.00	17,385.00
17(14)	200,000	195,000 ～	210,000	20,000.0	10,000.0	23,640.0	11,820.0	36,600.00	18,300.00
18(15)	220,000	210,000 ～	230,000	22,000.0	11,000.0	26,004.0	13,002.0	40,260.00	20,130.00
19(16)	240,000	230,000 ～	250,000	24,000.0	12,000.0	28,368.0	14,184.0	43,920.00	21,960.00
20(17)	260,000	250,000 ～	270,000	26,000.0	13,000.0	30,732.0	15,366.0	47,580.00	23,790.00
21(18)	280,000	270,000 ～	290,000	28,000.0	14,000.0	33,096.0	16,548.0	51,240.00	25,620.00
22(19)	300,000	290,000 ～	310,000	30,000.0	15,000.0	35,460.0	17,730.0	54,900.00	27,450.00

（全国健康保険協会「令和5年度保険料額表（東京都）に著者加筆）

　表の折半額欄が，給与から徴収する本人負担分保険料の金額です。

　標準報酬月額30万円の金額を保険料額表で確認すると，健康保険料は，介護保険の被保険者に該当しないため，15,000円

　厚生年金保険料は，27,450円です。

※従業員の場合は，雇用保険料の計算も行います。雇用保険料は毎月の給与総額×雇用保険料率（被保険者負担分）で計算します。

94

STEP 3　【控除額】控除する所得税額（源泉所得税）の計算

その月の社会保険料等控除後の給与等の金額を計算します。

算式：給与総額－非課税給与（通勤手当等）－社会保険料

本ケース　総支給額300,000円－社会保険料合計42,450円＝257,550円

（二）　　　　　　　　　　　　　　　　　　　　　　　　　　　　　　　　　　　　（167,000円～289,999円）

その月の社会保険料等控除後の給与等の金額		甲									乙
		扶　養　親　族　等　の　数									
		0 人	1 人	2 人	3 人	4 人	5 人	6 人	7 人		
以　上	未　満	税					額				税　額
円	円	円	円	円	円	円	円	円	円		円
~~254,000~~	~~257,000~~	~~6,750~~	5,140	3,510	1,900	290	0	0	0		38,500
257,000	260,000	6,850	5,240	3,620	2,000	390	0	0	0		39,400

（国税庁ウェブサイト「令和5年分源泉徴収税額表」に著者加筆）

その月の社会保険料等控除後の給与等の金額257,550円を源泉徴収税額表（月額表）で確認します。扶養控除等（異動）申告書の提出があるため，「甲」欄を使用します。

「257,000円以上260,000円未満」，「甲欄：扶養親族等の数，0人」の欄が，その月の給与から徴収する所得税額です。本ケースでは，6,850円が源泉所得税の額です。

STEP 4　【控除額】住民税等の控除を行い，差引支給額（手取り額）を計算

算式：社会保険料等控除後の給与等の金額－源泉所得税の額＝手取り額

なお，2年目以降は住民税を給与から天引きします。住民税の金額は，5～6月頃に市区町村から会社宛てに通知が届きます。

Q&A　「特別徴収」と「普通徴収」とは？

住民税の納付方法には特別徴収と普通徴収があります。特別徴収は，会社が住民税を給与から天引きし，各市区町村に納める方法です。一方，普通徴収は納税義務者である本人が市区町村に納める方法です。

住民税について，給与所得は原則として特別徴収ですが，給与以外の所得（事業所得や不動産所得など）については，納税者個人が確定申告時に申告書に記載することにより，特別徴収または普通徴収の選択が可能です。

役員報酬金額による手取り額の比較

役員報酬15万円，50万円の社会保険料や所得税額を計算した場合の手取り額はそれぞれ次のとおりです（2023年10月時点料率を使用）。

（単位：円）

役員報酬（月額）	150,000	300,000	500,000
健康保険料　※1	7,500	15,000	25,000
厚生年金保険料	13,725	27,450	45,750
雇用保険料　※2			
社会保険料計	21,225	42,450	70,750
社会保険料控除後給与等の額	128,775	257,550	429,250
源泉所得税額　※3	2,150	6,850	18,960
手取り額　※4	126,625	250,700	410,290

※1　2023年10月時点，協会けんぽ東京都の場合
　　　40歳未満のため介護保険料の徴収はなしとします。
※2　役員の場合は，なし。
※3　扶養親族等はなし，扶養控除等（異動）申告書を提出しているものとします。税率は2023年10月時点。
※4　その他必要に応じて住民税等を控除します。

3 算定基礎届 6〜7月 ・月額変更届 随時

スズキ社長

年金事務所から封筒が届いたとスタッフに言われました。
これって何ですか？

ケイコ税理士

ちょっと拝見しますね。
これは算定基礎届です。毎年この時期に行う社会保険の
事務手続きですよ。

3−1 算定基礎届の提出

　毎月の社会保険料は，標準報酬月額（等級）により金額が決まりますが，年に1回標準報酬月額の見直しを行うために「定時決定」を行います。その定時決定の一連の手続きを「算定」と呼びます。

　原則，4・5・6月に受けた報酬の平均額を報酬月額として，この金額を基に算出した標準報酬月額を「健康保険・厚生年金保険被保険者報酬月額算定基礎届」（算定基礎届）に記入します。

・**提出期間**：毎年7月1日から7月10日
・**提 出 先**：管轄の年金事務所または健康保険組合

　提出後，審査が行われ決定された標準報酬月額は「健康保険・厚生年金保険被保険者標準報酬月額決定通知書」により通知され，基本的にその年の9月から翌年8月まで適用されます（随時改定に該当する場合を除く）。

Q & A　定時決定の流れは？

4月	5月	6月	7月	8月	9月	10月

←――――――――→　　　　　　　　　←――――――――→
定時決定の対象となる給与　　　　　新しい標準報酬月額の適用

　　　　★7月1日〜10日に　　　　★9月〜翌年8月
　　　　　算定基礎届を提出　　　　※随時改定等の場合を除く

3 - 2　月額変更届の手続きと流れ

　標準報酬月額は，定時決定により翌年8月まで引き続き適用されます。ところが，その間に給与額が著しく変動した場合，定時決定時の標準報酬月額と実際の支給額に差が出てしまうことがあります。このように給与額が変わった場合，一定の要件に該当すれば標準報酬月額の改定を行うこととなります。そのことを随時改定といいます。

■ 随時改定を行う要件

　原則として次のすべてに当てはまる場合，随時改定を行います。

① 　昇給・降給などで，固定的賃金が変動した場合

　固定的賃金とは，基本給や役職手当，家族手当，通勤手当など毎月一定の金額が支給されるものです。残業代などは固定的賃金に含まれません。

② 　固定的賃金の変更があった月以後，継続した3ヵ月に支払われた報酬の平均月額によって算定された標準報酬月額が，現在の標準報酬月額と比べて2等級以上の差がある場合

　変更後の等級が下限や上限の場合，2等級以上変動がなくても随時改定になる場合があります。

③ 　②の3ヵ月の支払基礎日数がすべて17日以上ある場合

■ 随時改定の手続き

　随時改定に該当する場合は，「健康保険・厚生年金保険被保険者報酬月額変更届」を管轄の年金事務所または健康保険組合に提出します。

　提出後，決定された標準報酬月額の通知が届きます。届く通知を確認して給与から徴収する社会保険料額の変更を該当月から行いましょう。

4 賞与の計算と賞与支払届 〔賞与月〕

スズキ社長

バタバタの毎日のなかいつも頑張ってくれている従業員たちに賞与を支払いたいです。

ケイコ税理士

賞与から控除する健康保険，厚生年金保険料や源泉所得税の金額の計算は，毎月の給与計算の時とは異なります。

4−1 賞与の社会保険料

賞与から社会保険料を控除する際は，賞与の支払回数に注意が必要です。年4回以上支払う場合は，たとえ賞与の名目であっても社会保険上は賞与に該当せず，報酬として取り扱われます。年3回以内で支払われる賞与が社会保険上賞与と取り扱われます。

賞与の社会保険料は次のとおり計算します。

まず，標準賞与額を計算します。

標準賞与額は，賞与支給額を1,000円未満を切り捨てた額です。

なお，標準賞与額には次の限度額があります。

健康保険…年度（4月〜翌年3月）の期間で合計573万円まで

厚生年金保険料…1ヵ月150万円まで

次に，以下の①〜③を合計したものが賞与の社会保険料です。

① 健康保険料　　＝標準賞与額×健康保険料率
② 介護保険料　　＝標準賞与額×介護保険料率（40歳以上）
③ 厚生年金保険料＝標準賞与額×厚生年金保険料率

賞与から控除する雇用保険料は次のとおり計算します。

賞与の雇用保険料＝賞与の総支給額×雇用保険料率（被保険者負担分）

4－2　賞与の源泉所得税

「賞与に対する源泉徴収税額の算出率の表」を基に源泉所得税を計算します。

■**通常の計算（「給与所得者の扶養控除等申告書」を提出している場合）**

① 　前月の給与から社会保険料等を差し引きます。

② 　算出率の表の甲欄の扶養親族等の数に応じた①の金額の当てはまる行と「賞与の金額に乗ずべき率」欄との交わるところに記載されている税率を確認します。

③ 　賞与から源泉徴収する所得税額を計算します。

　　（賞与から社会保険料等を差し引いた金額）×②の税率

　　前月の給与金額の10倍を超える賞与を支払う場合，前月に給与の支払いがない場合などは計算が異なるため，国税庁ウェブサイトで確認します。

4－3　賞与支払届の手続きと流れ

① **賞与支払予定月を届け出ていない場合**

　賞与支払日から 5 日以内に「健康保険・厚生年金保険被保険者賞与支払届」（賞与支払届）を年金事務所または健康保険組合に提出します。提出後，社会保険料の通知書（「保険料納入告知額・領収済額通知書」）が届きます。

② **賞与支払予定月を届け出ている場合**

　賞与支払予定月をあらかじめ年金事務所等に届け出ているときは，「賞与支払届」が賞与支払月の前月までに会社に送付されます。

　賞与を支給する場合は，上記と同様に賞与支払届を年金事務所または健康保険組合に提出します。

　賞与を支給しない場合は，「賞与不支給報告書」を年金事務所または健康保険組合に提出します。なお，賞与支払予定日の 2 ヵ月後までにいずれかの書面を提出しない場合，督促状が届くため注意しましょう。

5 | 労働保険の申告 ［6～7月］

スズキ社長

労働保険の申告書が届きました。
株式会社DXコネクトサービスも提出が必要ですか？

ケイコ税理士

はい，御社は従業員がいて労働保険の適用事業者になるため，
労働保険の申告と納付が必要です。

5－1　労働保険の申告（年度更新）と納付

　労働保険の適用事業所は，原則として年に一度，労働保険料を計算して，毎年6月1日から7月10日の期間に申告と納付をしなければなりません。

　労働保険の保険年度は4月1日から翌年3月31日までの1年間です。

　納付は，基本は6月1日から7月10日の期間に一括納付です。ただし，次の場合は3回に分けて分割納付できます。

① 　本年度の概算保険料申告額が40万円以上

② 　納付が労災保険，または雇用保険のみの場合，概算保険料申告額が20万円以上

③ 　労働保険事務組合に委託している場合

5－2　労働保険料の計算方法

　労働保険料は，労災保険料と雇用保険料の合計により計算します。

① 　賃金総額×労災保険料率＝労災保険料

② 　賃金総額×雇用保険料率＝雇用保険料

③ 　①＋②＝労働保険料

6 | 年末調整 　11〜12月

スズキ社長

年末調整って会社がやらないといけないですか？

ケイコ税理士

法人は対象者について，年末調整をしなければならないことと
されており，スタートアップも行う必要があります。
故意に怠たると罰則もあります。

6−1　年末調整とは？

　給与の支払者は，給与支払の際に所得税と復興特別所得税を源泉徴収します
が，源泉徴収した税額の年間合計額は，給与の支払を受ける人が本来負担すべ
き年間の所得税等の額（年税額）と通常は一致しません。

　そこで，毎月徴収した源泉所得税の金額と年税額の不一致を精算するため，年
間の給与総額が確定する年末に年税額を正しく計算し，徴収した税額との過不
足額を計算し，その差額を徴収または還付します。この精算手続を「年末調整」
といいます。

 Q&A　年末調整とは？

毎月の給与で徴収した所得税・復興特別所得税の合計	年間の給与総額に対する所得税・復興特別所得税	差額精算＝年末調整

6－2　年末調整の流れ

年末調整は次の手順で行います。源泉所得税も大きく関わるので第3章もあわせて確認しましょう。

①　各種控除額の確認

従業員から次の申告書を受領し内容を確認します。

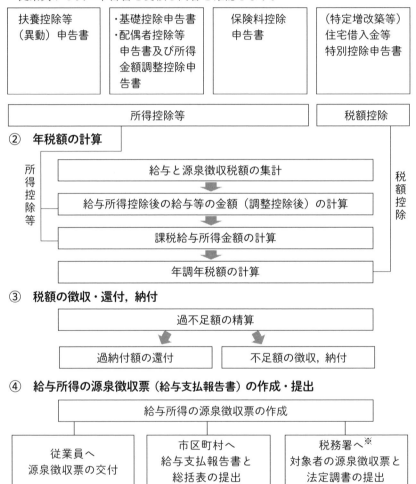

※源泉徴収票のうち，決められた提出範囲に該当する人の分を法定調書合計表に添付して書面または電子で提出します。

（国税庁「年末調整のしかた」を参考に著者作成）

6 − 3　年末調整で気をつけるポイント

ポイント1 　**年末調整の対象とならない人**

次に該当する人は，年末調整の対象となりません。

- 本年中の主たる給与収入額が2,000万円を超える人（確定申告が必要）
- ２ヵ所以上から給与の支払いを受けている人で，他社に「扶養控除（異動）申告書」を提出している人
- 年末調整までに「扶養控除（異動）申告書」を提出していない人　等

ポイント2 　**配偶者控除・配偶者特別控除**

配偶者控除の適用がない場合でも，配偶者特別控除の適用がある場合があるため注意しましょう。

ポイント3 　**年末調整のやり直しにならないように！**

扶養控除等の誤りが年末調整後にわかると，年末調整のやり直しが必要になります。年末調整時には従業員にしっかり控除等の確認を行いましょう。

7 │ マイナンバー

スズキ社長

マイナンバーを記載しないといけない書類があるんですね。
取り扱い上，気をつけるポイントはありますか？

ケイコ税理士

税や社会保険の手続きで必要になります。
スタートアップもマイナンバーを取り扱うことになり，
個人情報保護の措置をとる必要があります。

　マイナンバー制度（社会保障・税番号制度）により，源泉徴収票や支払調書，社会保険関係の書類にマイナンバーを記載する必要があります。

　マイナンバーは重要な個人情報であるため，慎重な取扱いが求められ，違反すると罰則を受ける場合もあるので注意しましょう。

チェックポイント

- [ ] 目的のみに利用し目的外の利用をしない。
- [ ] 収集時は正しい番号であることおよび身元確認を行う。
- [ ] マイナンバーを安全に管理するための措置をとる。
  マイナンバーの取扱いは個人情報保護法よりも厳格な法的保護の措置が設けられており，違反した場合は罰則がある。
- [ ] 収集の際は利用目的を明確に伝える。
- [ ] マイナンバーを取得・管理する担当者を明確にし，限定する。
- [ ] セキュリティ対策は万全に行う。

マイナンバーが記載された書類は鍵つきの保管庫へ保存し，データで保管する場合はウィルス対策などセキュリティ対策を万全にします。

第5章

決算月のToDo

「株式会社DXコネクトサービス」は
決算月を迎えました。
年に一度の重要な業務なので、
決算書の作成や、法人税の申告と納付など、
しっかりポイントを確認していきましょう。

■ 決算月のToDo チェックリスト ■

No	決算その他のタスク	期限・時期	✓
1	決算・申告作業のうち，自社で行うことの確認		
2	自社の決算・申告スケジュールの立案		
3	当期および翌期以降の重要な取引について税理士等へ伝達		
4	決算書の作成・確認		
5	各科目のチェックポイントの確認（P122 ～）		
6	固定資産台帳の作成・台帳と現物の確認		
7	法人事業概況説明書等の作成・確認		
8	勘定科目内訳書の作成・確認		
9	株主総会で決算書の承認と議事録作成 ※	定款による	

※　役員賞与の支給決議をした際は，届出書を提出します（第3章4-5参照）。

1 決算月の税務のキホン

スズキ社長

あっという間に決算月だ…！
いつまでに何をすればいいですか？

ケイコ税理士

法人は事業年度終了後，原則2ヵ月以内に税務署，都道府県税事務所，市区町村へ確定申告します。申告期限の延長をした場合でも，納付期限は延長されないので注意しましょう！

1－1　決算と税務申告の流れ

　法人は各事業年度の収益と費用を確定し，最終損益を計算します。確定した利益に対して，一定の税務調整を行い，事業年度の課税所得を計算し，その課税所得に対する税額を計算します。

　スケジュールや書類作成の期限等や相互の業務範囲は，税理士等と相談の上決定するとよいでしょう。その上で，自社のスケジュールを立てます。なお，多くのスタートアップの場合，社内のリソースが限られているため，税理士等へ上手に委託するとよいです。また，当期や翌期以降の重要な取引等は税理士等へ伝えておきましょう。

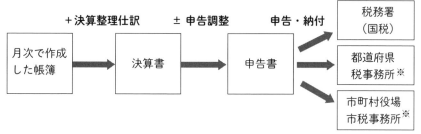

※23区内のみに事務所等を有する場合は，都税事務所のみへ申告・納付を行います。

Q&A 「会計」上と「税務」上の利益は違うの？

　会計上の収益と法人税法上の益金，会計上の費用と法人税法上の損金は範囲が異なるため，一致しないこともあります。その差異を法人税の申告書（「別表」といいます）で計算し，会計上の利益から課税対象の所得を計算します。

会計上の利益

法人税法上の所得

1－2　法人税等の申告期限と納付期限

　原則として，事業年度終了の日の翌日から2ヵ月以内に申告と納付を行います。申告期限の延長の承認を受けている法人は，その承認を受けた期限までに申告を行います。

　ただし，申告期限の延長を承認されている場合でも，納付期限は延長されません。そのため2ヵ月以内に概算税額を納付する見込納付を行い，確定時に「確定税額」と「見込納付額」の差額を精算します。

■3月決算法人が1ヵ月の申告期限の延長の承認を受けている場合

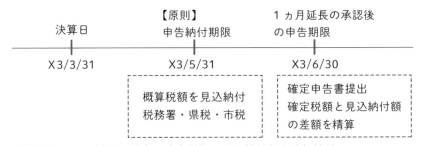

確定税額 ＞見込納付の場合：確定税額－見込納付額を追加納付
確定税額 ＜見込納付の場合：見込納付額－確定税額の差額還付

Q&A　**申告期限の延長の承認を受けている場合の納税はどうしたらいい？**

　　申告期限延長の承認を受けている場合でも，納付期限は事業年度
終了日の翌日から 2 ヵ月以内です。納付期限を過ぎた場合には，
利息（利子税）がかかります。そのため，概算税額を多めに見込
納付し，確定時には還付されるようにするとよいでしょう。

1 - 3　税務署に提出する書類

　法人が確定申告を行う際は，①確定申告書（別表），②法人事業概況説明
書，③決算報告書，④勘定科目内訳書等を税務署に提出します。

①　確定申告書（別表）

　法人の事業年度の所得と税額を計算するための書類です。申告書の右上に「別
表」の番号が記載されています。代表的なものは次のとおりです。

別表一	各事業年度の所得に係る申告書 - 法人税額を計算する書類
別表二	同族会社等の判定に関する明細書 - 同族会社の判定を行う書類で，判定基準となる株主の氏名・住所等を記載
別表四	所得の金額の計算に関する明細書 - 税額計算の基礎となる所得を計算する書類
別表五（一）	利益積立金額及び資本金等の額の計算に関する明細書 - 税務上の利益積立金額と資本金等の額を計算する書類
別表五（二）	租税公課の納付状況等に関する明細書 - 法人税等や罰金等の租税公課の納付状況を記載する書類
別表六関連	いくつか種類がありますが，税額控除関連の計算明細書
別表七（一）	欠損金の損金算入に関する明細書 - 当期の所得から控除する欠損金や次期以降に繰り越すことができる欠損金を計算する明細書
別表十五	交際費等の損金算入に関する明細書 - 交際費等のうち損金に算入される金額を計算する明細書

　その他，固定資産を保有している場合は，別表十六関連を必要に応じて作成
します。

② 法人事業概況説明書

事業の概要，経理の状況等を記載して提出します。資本金1億円以上などの国税庁が所轄する法人は，より記載事項の多い「会社事業概況書」を提出します。

③ 決算報告書

貸借対照表，損益計算書，株主資本等変動計算書等をセットにして「決算書」または「決算報告書」といいます（本章「3 決算書（財務諸表)」を参照）。

④ 勘定科目内訳書

決算書の各科目の内訳を記載した「勘定科目内訳書」を添付します。

⑤ その他の主な提出書類

- 税務代理権限証書（委任状）…税理士や税理士法人が，税務代理をする場合に，その権限があることを税務官公署に示すために提出する書類です。調査に関する通知欄等にチェックを入れることにより，代理人である税理士または税理士法人が税務調査の通知を受けることができます。

- 適用額明細書

 Q&A　**申告内容に誤りがあったときは？**

申告期限後に申告内容に誤りがあることに気づいた場合は，申告内容を訂正します。所得や税額を少なく申告していた場合は「修正申告」をして，不足していた税額がある場合は納付をします。

一方で，所得や税額を多く申告していた場合は，「更正の請求」をします。税金を多く納めていた場合は，還付されます。

なお，更生の請求には期限があります。

2 ｜ 課税所得の計算

スズキ社長

会計上の利益と法人税の対象となる課税所得は
違うんですよね。

ケイコ税理士

はい，所得の計算方法を説明しますね。
「益金」・「損金」の用語は重要なので，覚えておくとよいです。

2 - 1　所得の計算方法

　確定申告書の「別表四」（次頁参照）で，決算書の当期利益（損失）に税務調整が必要な項目について加算と減算を行い，所得を計算します。

A　会計上の当期損益

　損益計算書に記載されている当期純利益または当期純損失の額

B　加算調整

①　会計上は費用でも税務上は損金にならないもの（損金不算入）

　　例：交際費のうち，損金に算入できる金額を超える部分の額

　　　　役員給与のうち，損金算入の要件を満たさない部分の額　など

②　会計上は収益でなくても税務上は益金になるもの（益金算入）

　　例：圧縮積立金の取崩額　など

C　減算調整

③　会計上は収益でも税務上は益金にならないもの（益金不算入）

　　例：受取配当金のうち，益金にならない部分の額　など

④　会計上は費用でなくても，税務上は費用になるもの（損金算入）

　　例：圧縮積立金の積立額　など

112

所得の金額の計算に関する明細書(簡易様式)

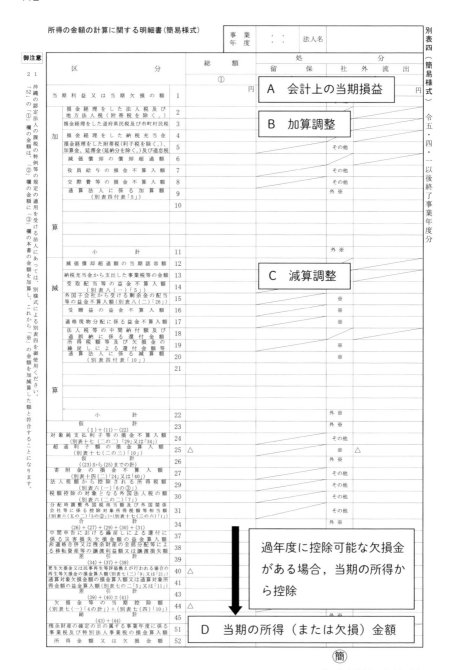

（国税庁資料に著者加筆）

D　所得金額または欠損金額

A ＋ B － C（－過年度欠損金）で所得金額または欠損金額を計算します。

2 － 2　益金の額

一部の場合を除き，原則として当期に販売した商品やサービス提供による収益が「益金」になります。一般の商品販売やサービス提供の場合，実現主義により収益を計上し，その金額が税務上も益金になります（第 3 章 2 - 1 参照）。

 Q & A　益金に関する基本ルールとは？

法人税法では 22 条 2 項で益金に関する基本のルールが規定されています。

「内国法人の各事業年度の所得の金額の計算上当該事業年度の益金の額に算入すべき金額は，別段の定めがあるものを除き，資産の販売，有償又は無償による資産の譲渡又は役務の提供，無償による資産の譲受けその他の取引で資本等取引以外のものに係る当該事業年度の収益の額とする。」

2 － 3　損金の額

当期の損金の額は，特段の規定のある場合を除き，次の合計です。

① **当期の売上に係る売上原価・完成工事の原価等当期の収益に対する原価**

例：当期に売り上げた商品の原価，当期に完成した工事の原価　等

② **当期の販売管理費，一般管理費（償却費以外は債務が確定していること）**

例：給与，社会保険料，旅費交通費，交際費，減価償却費　等

販売費および一般管理費で事業年度終了の日までに債務が確定しているものは，未払いであっても，原則として当期の損金になります。

例えば，3 月決算の場合，X 4 期 3 月までの通話料で 4 月に支払っている電話代は，X 4 年 3 月期の経費になるので，忘れずに未払金に計上しましょう。

③　当期の損失（資本等取引を除く）

　　例：貸倒損失，固定資産除去損　等

 Q&A　損金に関する基本ルールとは？

法人税法では 22 条 3 項で損金に関する基本ルールが規定されています。

「内国法人の各事業年度の所得の金額の計算上当該事業年度の損金の額に算入すべき金額は，別段の定めがあるものを除き，次に掲げる額とする。

一　当該事業年度の収益に係る売上原価，完成工事原価その他これらに準ずる原価の額

二　前号に掲げるもののほか，当該事業年度の販売費，一般管理費その他の費用（償却費以外の費用で当該事業年度終了の日までに債務の確定しないものを除く。）の額

三　当該事業年度の損失の額で資本等取引以外の取引に係るもの」

3 ｜ 決算書（財務諸表）

スズキ社長

> 決算書がよくわからないです。
> 知っておくべきポイントやルールはありますか。

ケイコ税理士

> 決算書は会社の財務状況や経営成績を示す重要なもので，
> 税務署や銀行等にも提出します。
> 早いうちに読み方を知っておくとよいですね。

3 − 1　決算書の構成

　株式会社においては，会社法で以下の計算書類が求められています。

① 　貸借対照表：決算日時点の財務状況（資産・負債）を示す書類

② 　損益計算書：会計期間の経営成績を示す書類

③ 　株主資本等変動計算書：期間中の株主資本の変動と決算日時点の残高を示す書類

④ 　個別注記表：重要な会計方針など貸借対照表や損益計算書，株主資本等変動計算書の理解に役立つ情報を示す書類

⑤ 　附属明細書：貸借対照表や損益計算書の記載内容を補足するために，重要項目の期中増減や内訳明細などを表示した書類

⑥ 　事 業 報 告：貸借対照表や損益計算書では十分に表現できなかった会社の経済活動の全体像を文章や数字を用いて記載した書類
　　　　　　　　例：主要な事業内容等

　製造業の場合は，製造原価報告書を作成します。

　また，中小企業では作成が求められていませんが，１年のお金の流れを把握するためにキャッシュ・フローを作成するとよいでしょう。

決算書は株主総会等で承認を受け，各所に提出・開示されます。
承認を受けた旨の株主総会議事録の保存も行います。

決算公告の範囲は，非上場会社の場合，大会社は貸借対照表および損益計算書，大会社以外の場合は貸借対照表です。

なお，大会社は，資本金５億円以上，または負債総額200億円以上の会社をいいます。

3－2　貸借対照表（ＢＳ）

貸借対照表は，BS（Balance Sheet）と呼ばれ，ある時点の資産，負債，純資産の財政状態を示します。貸借対照表上，資産は流動資産・固定資産および繰延資産に区分し，負債は流動負債と固定負債に区分して表示します。

■ 貸借対照表の区分表示例

（資産の部）	（負債の部）
流動資産	流動負債
	固定負債
固定資産	（純資産の部）
有形固定資産	株主資本
無形固定資産	資本金
投資その他の資産	資本剰余金
	利益剰余金
繰延資産	評価・換算差額等
	新株予約権
資産合計	負債・純資産合計

一致

Q&A　流動と固定ってどう分けるの？

流動と固定の区分は，営業循環基準と 1 年基準により行います。

<u>営業循環過程内の項目 → 流動項目</u>
　　　（営業循環基準）

> 資産：現金，売掛金，商品等
> 負債：買掛金，支払手形　等

<u>営業循環過程外の項目</u>
　　　（1 年基準）

期限または収益・費用になるまでの期間が

　1 年以内の項目 → 流動項目

> 資産：1 年以内の貸付金　等
> 負債：1 年以内の借入金　等

　1 年超の項目 → 固定項目

> 資産：土地，建物　等
> 負債：社債，1 年超の借入金

営業循環基準では，正常な営業循環の過程内にある項目をすべて流動資産または流動負債とします。営業循環の過程の外にある項目は 1 年基準を適用します。

3－3　損益計算書（PL）

　損益計算書は，PL（Profit and Loss Statement）とも呼ばれ，一定期間の企業の経営成績を明らかにします。損益計算書では5つの利益が表示され，分析などにも役立てられます。

①　売上総利益：売上高－売上原価

　売上総利益は，企業の利益の源を表します。別名，粗利^{あらり}です。

②　営業利益：売上総利益－販売費及び一般管理費

　営業利益は企業本来の営業活動による利益を表し，本業の利益水準を計る指標になります。

③　経常利益：営業利益＋営業外収益－営業外費用

　経常利益は，営業活動以外も含めた通常の活動から生じる利益であり，企業としての総合的な収益力を示すともいえます。

④　税引前当期純利益：経常利益＋特別利益－特別損失

　臨時的に発生する利益や損失も含めた税金を差し引く前の当期の利益を表します。

⑤　当期純利益：税引前当期純利益－法人税等±法人税等調整額

　当期純利益は，法人税などの税金を差し引いた後の最終的な企業の利益を表します。これを原資としてさらなる投資や株主への還元を行います。

■ 損益計算書（区分式）の例

営業損益計算	売上高	
	△売上原価	
	売上総利益	＝ 企業の利益の源！
	△販売費及び一般管理費	
経常損益計算	営業利益	＝本業の利益水準を計る指標
	営業外収益	
	△営業外費用	
	経常利益	＝企業としての総合的な収益力
純損益計算	特別利益	
	△特別損失	
	税引前当期純利益	＝税金控除前の利益
	△法人税, 住民税及び事業税	
	法人税等調整額	
	当期純利益	＝最終的な利益

Q&A　法人税等調整額って何？

法人税等調整額は，税効果会計を導入している企業で記載されます。税効果会計の適用義務があるのは，上場会社等です。スタートアップでは，金融商品取引法の適用を受ける場合や会計監査人を置く場合を除き，税効果会計の適用は任意ですが，上場申請段階では導入する必要があります。

3－4　株主資本等変動計算書（SS）

　株主資本等変動計算書は，純資産の期首残高がどのように変動して期末残高になったか，期中の変動の内訳を表示します。

■ 株主資本等変動計算書の例

（単位：円）

	株主資本										評価・換算差額等		新株予約権	純資産合計
	資本金	資本剰余金			利益剰余金				自己株式	株主資本合計	その他有価証券評価差額金	評価・換算差額等合計		
		資本準備金	その他資本剰余金	資本剰余金合計	利益準備金	その他利益剰余金		利益剰余金合計						
						〇〇積立金	繰越利益剰余金							
当期首残高	00	00	00	00	00	00	00	00	△00	00	00	00	00	00
当期変動額														
新株の発行	00	00		00						00				00
剰余金の配当							△00	△00		△00				△00
剰余金の配当に伴う利益準備金の積立					00		△00	00		00				00
当期純利益							00	00		00				00
自己株式の処分									00	00				00
株主資本以外の項目の当期変動額（純額）											00	00	00	00
当期変動額合計	00	00	0	00	00		0	00	00	00	00	00	00	00
当期末残高	00	00	00	00	00	00	00	00	00	00	00	00	00	00

（表中の点線枠内）株主資本などの期中の変動額の内訳を示す。

3-5　個別注記表

　個別注記表は，財務諸表本体の記載内容に関連する重要事項を，財務諸表の本体とは別に，言葉や数値を用いて記載したものです。

　財務諸表利用者が財務諸表を理解するのに役立ちます。

3-6　製造原価報告書（ＣＲ）

　製造業を営む企業が作成する製造原価報告書は，生産コストに関する情報を示します。製造原価報告書では，生産コストが材料費，労務費，経費の区分に表示されます。なお，建設業は「完成工事原価報告書」を作成します。

3-7 キャッシュ・フロー計算書（CF）

キャッシュ・フロー計算書（CF）は，期間の現預金の増減について，収入と支出の内訳を示します。スタートアップでは，上場申請段階で作成が求められます。上場申請以前は作成が必須ではありませんが，資金繰りの評価や管理に利用するとよいでしょう。中小企業では作成は必須ではなく，上場企業では公表が必須です。

■キャッシュ・フロー計算書の例

（単位：千円）

キャッシュ・フロー計算書

Ⅰ営業活動によるキャッシュ・フロー	
税引前当期純利益	30,000
減価償却費	3,000
売上債権の増加	−8,000
棚卸資産の増加	−1,000
債務の減少	−6,000
営業活動合計	18,000
Ⅱ投資活動によるキャッシュ・フロー	
設備投資による支出	−8,000
固定資産の売却による収入	500
投資活動合計	−7,500
Ⅲ財務活動によるキャッシュ・フロー	
借入金による収入	20,000
配当金の支払額	−1,000
財務活動合計	19,000
Ⅰ＋Ⅱ＋Ⅲ	29,500
現金及び現金同等物の期首残高	80,000
現金及び現金同等物の期末残高	109,500

営業活動…本業から生み出された収支

投資活動…投資活動による収支

財務活動…借入や株式発行等による収支

現金同等物…当座預金や普通預金等

4 | 貸借対照表（資産・負債・純資産）の税務ポイント

スズキ社長

貸借対照表をみるときに，どのような点に
気をつければ良いですか？

ケイコ税理士

税務の視点からチェックしておきたいポイントがあります。
各科目の留意点とチェックポイントをお伝えしますね。

　貸借対照表で税務上特にチェックしておきたい項目と留意点は次のとおりで
す。税務調査で指摘されないための，また損をしないためのポイントです。

4 - 1　売掛金（資産）

　会社の主な営業取引（本業の営業取引）で，決算日時点で代金を受領していな
い債権は「売掛金」として計上します。

✎ チェックポイント

- [ ] 売掛金の決算日残高は得意先元帳等の管理簿と一致しているか。
- [ ] 期日までに回収が行われているか。回収が滞っている売掛金はないか。
- [ ] 当期に商品の引き渡しやサービスの提供を行い，入金が翌期になってい
  る取引について漏れなく当期に売掛金を計上したか。

⚠ 留意点

① 　売上の計上漏れについては，税務調査でもよく確認されます。
② 　回収が滞っている売掛金は，貸倒引当金の個別設定や貸倒損失の検討を行
　　います。なお，貸倒損失の損金算入については厳格な要件があるため，慎重

な判断が必要です。

 Q & A　**どのような場合に税務上貸倒損失が認められるか？**

売掛債権につき，貸倒損失が税務上認められるケースは次のとおりです。

① 法律上の金銭債権が消滅した場合のその消滅部分の金額

② 法律上の金銭債権が存在する場合であっても，全額が回収不能と認められる場合に，法人が原則として損益計算書に損失計上したときの債権金額

③ 売掛債権に対する短期消滅時効を考慮して，備忘価額控除後の金額を損益計算書に貸倒損失等として計上したことを前提として，取引停止後1年以上経過した売掛債権および取立費用に満たない売掛債権の額

なお，1年以上経過した売掛債権については，継続して取引をしていた場合を想定した取扱いであり，不動産売買取引等のように，たまたま行う取引については対象となりません。また，1年基準は売掛債権に限られ，貸付金等は対象外です。

また，利益が出た年に恣意的に貸倒損失を計上すると，利益操作とみられる可能性があり，適切な事業年度に貸倒損失計上する必要があります。

4 - 2　未収入金（資産）

建物や車の売却など，本業以外の取引を行い，決算日までに代金を受領していない債権の金額を「未収入金」として計上します。

チェックポイント

□　翌期に入金の取引について，当期に収益計上をすべきものはないか。

4-3　貸倒引当金（資産の控除項目）

　売掛金などの債権については，回収不能となるリスクに備えて，貸倒れの見積高を計算し，「貸倒引当金」として計上します。繰入額および戻入額は損益計算書に費用または収益として計上します。

✎ チェックポイント

□　回収が滞っている金銭債権について，個々の状況を確認したか。

□　貸倒引当金繰入額は税務上損金に算入できる限度額以内か。

⚠ 留意点

　税務上，貸倒引当金繰入額については適用対象法人および損金に算入できる限度額が規定されています。

　適用対象法人は，中小法人等（資本金１億円以下の普通法人。資本金５億円以上の大法人の100％子法人等は除く）などです。

Q&A　貸倒引当金繰入限度額はどう計算するの？

金銭債権に対する貸倒引当金繰入限度額は次の区分に応じて計算します。

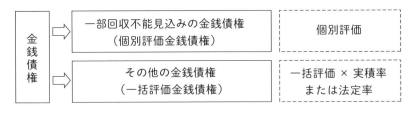

個別評価金銭債権は，債務者について会社更生法その他の法律による更生・再生計画の認可の決定など特定の事由により弁済が猶予されることとなった金銭債権や債務者の財政状態から実質的に回収不能が生じている金銭債権などです。個々の状況に応じて貸倒引当金を見積もります。

一括評価金銭債権は，次のいずれかにより計算をします。

①原則：実績繰入率に基づく計算

　　一括評価金銭債権の帳簿価額に，過去 3 年間の貸倒損失発生額に基づく実績繰入率をかけて計算します。

　繰入限度額 = 期末一括評価金銭債権の帳簿価額の合計額 × 貸倒実績率

②特例：法定繰入率に基づく計算（中小法人等向け特例）

$$繰入限度額 = \left[\begin{array}{l} 期末一括評価金銭債権 \\ の帳簿価額の合計額 \end{array} - \begin{array}{l} 実質的に債権とみら \\ れないものの金額 \end{array} \right] \times \left(\overset{\text{法定繰入率}}{\frac{3}{1,000} \sim \frac{10}{1,000}} \right)$$

　法定繰入率は業種により決まっており，国税庁ウェブサイトで確認できます。

4 - 4　有価証券（資産）

「有価証券」は，その保有目的等により次の取扱いをします。

有価証券の種類	貸借対照表の表示	期末の評価と評価差額の取扱い
時価の変動から利益を得ることを目的として保有する市場価格のある有価証券	売買目的有価証券（流動資産）	期末評価＝時価評価 評価損益は，損益計算書に計上
満期まで所有する意図で保有する社債等の債券	投資有価証券（投資その他の資産）	期末評価＝償却原価 償却原価法の適用で生じた増減額は損益計算書に計上
子会社または関連会社の株式	関係会社株式（投資その他の資産）	期末評価 時価がない場合＝取得原価 時価がある場合＝時価 ※全額または評価がプラスとなる額のみを，純資産に直入

126

| 上記のいずれにも該当しない有価証券 | 投資有価証券
（投資その他の資産） | 期末評価
時価がない場合＝取得原価
時価がある場合＝時価
※全額または評価がプラスとなる
　額のみを，純資産に直入 |

　なお，期末評価について，有価証券の時価や実質価額が著しく下落した場合は，有価証券の区分に応じて評価減を行います。

　また，有価証券の１株当たりの帳簿価額の算出方法を選定しなかった場合は，法定算出方法である移動平均法により計算します。

チェックポイント

□　有価証券の保有目的に応じて区分し，適切な科目に計上したか。

□　有価証券の保有区分に応じた期末評価をしたか。

□　売買目的有価証券は，期末の時価で評価したか。

□　１株当たりの帳簿価額は法定算出方法または届け出た方法により計算したか。

4－5　棚卸資産（資産）

　売上を得るために払い出すことを予定して保有している資産で，短期のうちに数量的に減少する資産を「棚卸資産」といい，次のとおり区分します。

科目	内容
製品・商品	販売されるために保有する資産を指します。完成品を他社から購入した場合は商品，自社製造の場合は製品と区別します。
半製品・仕掛品	販売を目的として現に製造中の資産を指します。未完成のまま販売できる市場があるものは半製品，未完成のまま販売できる市場がないものは仕掛品と区別します。
原材料	販売目的の製品等を生産するために使用される資産を指します。主要原材料と補助原材料に区分することもあります。
貯蔵品	販売活動，一般管理活動において短期間に消費する予定の資産を指します。例えば切手や印紙等があたります。

　棚卸資産の評価は，原則として実地棚卸をすることとされています。評価方法は 6 種類の原価法と低価法の中から選択し，継続的に選択した方法によって期末評価をします。

チェックポイント

　□　取得価額は，運賃や購入手数料などの購入のための付随費用を含めたか。
　□　評価は法定評価方法または届け出をしている評価方法によって評価し，継続適用しているか。
　□　決算日時点の在庫を漏れなく計上したか。配送中の商品等に注意する。
　□　決算日時点で製造中の仕掛品や半製品の計上漏れはないか。
　□　決算日時点で保有する切手や印紙は在庫計上したか。
　□　期末に大量に購入した広告宣伝用印刷物の未使用分を在庫計上したか。

4 - 6　有形固定資産と減価償却（資産）

　備品等のうち，取得価額10万円以上で使用可能期間 1 年以上のものは，原則として「固定資産」として計上します（例外として，後述する中小企業者特例があります）。

　そのうち，使用や年数の経過により価値が減少する資産を「減価償却資産」といいます。

大分類	中分類（科目）	資産の例
減価償却資産	建物	店舗，工場，事務所などの建物本体
	建物附属設備	埋め込み式の冷暖房設備や照明設備，給排水設備やエレベーターなど建物に附属する設備
	構築物	アスファルト舗装やコンクリート敷等，土地に定着した土木設備や工作物で，建物以外の資産
	機械装置	各種の機械および装置など
	車両運搬具	自動車など
	工具器具備品	工具やパソコン，コピー機，棚など

　減価償却資産については，価値の低下分を規則に従い計算し，資産の取得価額から減額して減価償却費として各期の費用に計上します。この資産の価額を減額し費用計上する手続きを，「減価償却」といいます。

　通常，固定資産台帳を作成し，１月の償却資産申告時や決算時など，適時台帳と固定資産現物を突合します。

■減価償却費と固定資産の帳簿価額（簿価）

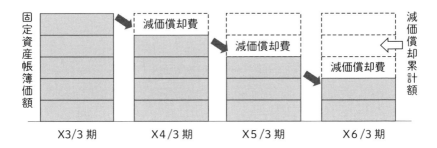

　減価償却費の計算方法は，定額法，定率法，級数法，生産高比例法があり，よく用いられるのは「定額法」と「定率法」です。

　定額法は，資産の耐用年数にわたり，毎期一定の金額ずつ減価償却を行う方法です。特徴は償却額が毎期同額であることです。「取得原価×定額法の償却率」により計算します。

　定率法は，期首の未償却残高に毎期一定の償却率をかけて，各期の減価償却費を計算する方法です。特徴は年数の経過とともに償却額が減少することです。基本的には「未償却残高×定率法の償却率」により計算します。

■定額法と定率法の計算方法の例

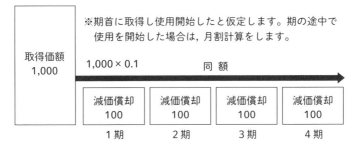

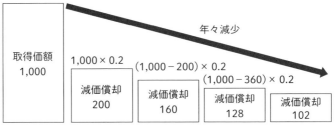

　定額法は毎期同額の減価償却費が計上されるのに対して定率法は初年度により多くの減価償却費が計上され，償却額は年々減少していきます。

　なお，税務上は資産の種類ごとに採用できる減価償却方法が決まっています。

 Q&A　**税務上の減価償却方法は？**

☆法定償却方法

資産の種類	償却方法
建物	定額法
建物附属設備	定額法
構築物	定額法
機械装置	☆定率法（届出により定額法も可）
車両運搬具	☆定率法（届出により定額法も可）
工具器具備品	☆定率法（届出により定額法も可）

130

■一括償却資産と少額減価償却資産の中小企業特例

　上述した通常の減価償却資産のほか，一括償却資産と中小企業向けの特例制度である少額減価償却資産があります。スタートアップ初期は，従業員数が500人を超えることはまずないため，資本金１億円以下の場合，中小企業特例を使用できます。それぞれの内容と要件は次のとおりです。

- **一括償却資産**

　　対　象：取得価額が10万円以上20万円未満の資産

　　償　却：３年間で均等償却　※月割計算は行いません。

⚠ 留意点

　申告時に対象別表の記入が必要です。対象資産を処分した時も固定資産除却損の計上はできません。

- **少額減価償却資産の中小企業特例**

　　対　象：要件を満たす中小企業者が定められた日までに使用を開始した取得価額が10万円以上30万円未満の資産

　　　　　　※恒久的な措置ではなく，現行税制では期間限定の措置です。

　　　　　　　ただし，税制改正で延長が続いており取得年の取り扱いを国税庁ウェブサイトで確認します。

　　　　　　※対象法人は，資本金の額または出資金の額が１億円以下の中小企業者で常時使用する従業者数が500人以下の法人（大法人の100％子会社など一定の法人を除く）です。

　　償　却：使用を開始した事業年度に全額費用として経理をし，その経理をした全額が損金になります。事業年度ごと合計300万円までの上限があります。

📝 チェックポイント

- ☐　固定資産を取得する際の付随費用は取得価額に含めたか。
- ☐　減価償却費は取得日ではなく事業の用に供した日から償却を開始したか。
- ☐　除却した資産は台帳に除却登録し，除却損を計上したか。
- ☐　取得価額10万円以上又は使用可能期間１年超の固定資産はすべて漏れなく固定資産に計上したか（中小企業特例の適用があるものを除く）。
- ☐　資本的支出（5-7修繕費参照）は，修繕費とせず資産に計上したか。

- ☐　耐用年数等に関する省令別表で耐用年数を確認したか。
- ☐　中古資産は中古資産の耐用年数によっているか（任意）。
- ☐　改良費が取得価額の50%超である中古資産について中古資産の見積り耐用年数を使用していないか。
- ☐　稼働休止資産（維持補修なし）の減価償却費を計上していないか。
- ☐　30万円未満の資産について中小企業特例を受ける場合，事業年度の合計額が300万円を超えていないか（事業年度 1 年未満の場合は，上限額を月割）。
- ☐　期の途中で取得または処分した一括償却資産について当期の償却費を月割計算していないか。

⚠️ **留意点**

① 資産の取得の判定単位に留意が必要。

　取得価額は，通常取引される単位で10万円以上かどうか等の判定を行います。例えば応接セットの場合，テーブル，イスと別々ではなく， 1 セットが取得の判定単位になります。

② 稼働休止資産等は減価償却資産から除く。

　遊休資産，建設中の資産，稼働休止資産のように事業の用に供していない資産は減価償却資産から除かれます。ただし，稼働休止資産について，その休止期間中必要な維持補修が行われ，いつでも稼働できる状態であれば，減価償却資産として取り扱われます。

③ 固定資産を廃棄した時は除却損を計上。

　固定資産を除却した場合は，未償却残高を固定資産除却損（特別損失）に計上します。除却した資産が廃材等として価値がある場合は，その価額を見積って貯蔵品に計上した残額を除却損に計上します。

④ 少額減価償却資産の中小企業特例は，損金経理。

　会計上費用として経理し，申告時に対象別表の添付が必要です。また，事業年度が 1 年未満の場合，上限金額は月割計算になります。

Q&A **通常の減価償却，中小企業特例，一括償却どれがおトク？**

一般的に利益が出ている場合は早期に費用化できる方法，赤字で翌期も利益が見込めない場合は，将来の年度に費用計上する方法を選択します。一般的に最も早く費用化できる方法は，中小企業特例です。

早期に費用計上したい場合，次に取得価額 20 万円未満の資産は，一括償却資産として 3 年で償却できます。金型など耐用年数が 2 年の資産は通常の償却をしたほうが早期に費用になる場合もありますが，耐用年数が長いものは一括償却資産にしたほうが早期に費用化できます。また，償却資産税の対象にならない点も利点です。処分しても除却損を計上できない点は留意が必要です。

中小企業特例，一括償却資産に該当しない資産は，通常の減価償却資産とします。

中小企業特例の要件に該当すれば，取得価額 30 万円未満までの資産は特例制度の利用により，年 300 万円を上限に損金にできます。

	通常の減価償却資産	一括償却資産	【中小企業特例】少額減価償却資産
取得価額	10 万円以上	10 万円以上20 万円未満	10 万円以上30 万円未満
償却時期	耐用年数にわたり減価償却費として損金計上	3 年間にわたり 1/3 ずつ償却	使用開始年に全額費用計上・損金（年300 万円上限）※
償却方法	定額法・定率法など資産の種類ごと	均等償却（月割計算なし）	全額一時償却
償却資産税	対象となる	対象とならない	対象となる
要件等	・会計上減価償却費を計上・申告書へ記載	・申告書へ記載	・対象法人に該当・会計上費用計上・青色申告・申告書へ記載

※事業年度が 1 年未満の場合，月割計算をします。

Q & A　処分したら除却損を計上すると損しない？

　固定資産を処分した場合，固定資産除却損に計上します。ただし，単に使用を中止し，また使用を再開できるような状態では，税務上損金として認められません。償却資産申告時は減少資産として申告して，余計に課税されないようにします。

4 - 7　無形固定資産（資産）

　ソフトウェアなど物理的な形態はもたないが 1 年以上にわたり使用される資産を「無形固定資産」といいます。具体的には，特許権のような法律上の権利，コンピュータのソフトウェア制作費，収益性の高い他社の買収に伴うのれん（営業権）などです。無形固定資産の取得価額も，借地権などの一部の非償却資産を除き，有形固定資産と同様に各期に償却費とし費用計上します。

 Q & A　ソフトウェアは何年で費用になる？

　ソフトウェアの耐用年数は，利用目的に応じてそれぞれ 3 年，5 年とされています。償却方法は，定額法です。
・「複写して販売するための原本」または「研究開発用のもの」3 年
・「その他のもの」　5 年

4 - 8　繰延資産（資産）

　既に代価の支払いが完了もしくは支払義務が確定し，それに対応する役務の提供を受けたが，その効果が将来にわたって発現すると期待されるため，その支出額を効果が及ぶ期間に費用として合理的に配分する目的で，経過的に貸借対照表に計上される資産を「繰延資産」といいます。

📝 **チェックポイント**

　□　税務上の繰延資産に該当する支出について，当期の損金にしていないか。

⚠ **留意点**

　税務上，繰延資産に該当する支出を経費として費用にしていると，費用の過大計上，つまり所得の過少申告となるため気をつけましょう。

Q&A 税務上の繰延資産は会計よりも範囲が広い？

■会計上の繰延資産（主なもの）

① 創 立 費 法人の設立のために支出する費用で，その法人が負担すべきもの。例：設立登記時の登録免許税　等

② 開 業 費 設立後，営業開始までの間に開業準備のために支出する費用

③ 開 発 費 新技術や新たな経営組織の採用，資源の開発または市場開拓のために特別に支出する費用

④ 株式交付費 株式募集の広告費，増資の登記に係る登録免許税その他自己の株式（出資）の交付のために支出する費用

⑤ 社債発行費 社債券等の印刷費，その他債券（新株予約権を含む）の発行のために支出する費用

■税務上の繰延資産（主なもの）

税務上の繰延資産は，会計上の繰延資産①〜⑤とほとんど同様であり，「次の費用でその支出の効果がその支出の日以後1年以上に及ぶもの」が税法特有の繰延資産です。

- 自社が便益を受ける公共的施設または共同的施設の設置や改良のために支出する費用
- 資産を賃借するための権利金等
- 役務の提供を受けるための権利金等
- 広告宣伝の用に供する資産を贈与したことにより生ずる費用
- 同業者団体の加入金等その他自己が便益を受けるための費用

なお，税法上の開業費は会計上の開業費より狭い範囲になります。

4-9　買掛金（負債）

決算日時点で未払いの仕入代金は「買掛金」として計上します。

チェックポイント

□ 当期に商品の引渡し等を受けて支払いが翌期になっている取引について，買掛金の計上漏れがないか。

□ 決算日残高は仕入先元帳などの管理簿と一致しているか。

4 - 10　未払金（負債）

　販売費や一般管理費等について，決算日までに債務が確定していれば，支払いが完了していなくてもその金額を未払金として計上し，その事業年度の費用（損金）になります（償却費を除く）。この場合に，債務が確定しているものとは，別の規定があるものを除き，次の 3 つをすべて満たすものです。

■債務確定の要件

①　事業年度終了の日までにその費用に係る債務が成立していること

②　事業年度終了の日までにその債務に基づいて具体的な給付をすべき原因となる事実が発生していること

③　事業年度終了の日までにその金額を合理的に算定できるものであること

 チェックポイント

□　債務が確定している費用について，未払金の計上漏れはないか。

□　未払金に計上した取引は期末時点で債務が確定しているか。

 Q & A　債務確定とは？

〜修繕費の場合〜

建物等の修繕を発注，業者によって修繕が完了，かつ金額の見積りが客観的にできれば，未払金の計上要件を満たすため未払金計上できます。

〜社会保険料の場合〜

4 月末に支払う 3 月分の社会保険料は，3 月末に支払義務が確定し，金額の算定が可能であるため，債務確定の要件を満たすため未払費用を計上できます。

Q & A　使用人に対する決算賞与の未払金計上は？

使用人に対する賞与は，原則として支給日の属する事業年度の損金になります。ただし，次の要件に当てはまる場合は，決算賞与を未払計上できます。

① その支給額を，各人別に，かつ，同時期に支給を受けるすべての使用人に対して通知していること
② ①の通知をした金額を通知をしたすべての使用人に対し通知をした日の事業年度終了の日の翌日から1ヵ月以内に支払っていること
③ その支給額について①の通知をした事業年度において会計上経費に計上していること

4－11 借入金（負債）

借入金のうち，1年以内に返済期日が到来する分を「短期借入金」（流動負債），1年を超えて返済期日が到来する分を「長期借入金」（固定負債）に計上します。

チェックポイント

- □ 短期借入金と長期借入金は，返済期日に応じて適切に区分されているか。
- □ 借入金に係る保証料のうち，翌期以降に対応する部分の金額は前払費用または長期前払費用として資産に計上したか。
- □ 個人からの借入について，契約書等の書面は作成されているか。

留意点

借入時に保証料を支払った場合，翌期以降に対応する分は，長期前払費用（1年以内分は前払費用）に計上し，翌期以降の保証料を当期の費用に含めないようにします。

4－12 受入保証金（負債）

預かった保証金は，受入保証金として負債に計上します。

留意点

返還しないことが確定した分は収益に計上します。

5 ｜ 損益計算書（収益・費用）の税務ポイント

スズキ社長

損益計算書については，どのような点に
気をつければ良いですか？

ケイコ税理士

収益や費用について，税務の視点から注意したい
ポイントをお伝えします。
所得金額や税務にも影響するので，しっかり確認しましょう。

　損益計算書で税務上，特にチェックしておきたい項目と留意点は次のとおりです。

5 - 1　売　上

　原則として実現主義により当期に商品の引渡しやサービス提供を行った分を「売上」として計上します（第 3 章参照）。

チェックポイント

□　売上の計上基準（引渡基準等）は継続して適用しているか。

5 - 2　売上原価

　当期の売上に対応する原価を「売上原価」として計上します。

チェックポイント

□　仕入の計上基準（引渡基準等）は継続して適用しているか。
□　翌期以降の売上の原価となる商品等の額は棚卸資産に計上しているか。

138

5−3　役員給与

　役員報酬や役員賞与が税務上，「役員給与」として損金に算入されるためには
要件を満たす必要があります（第3章参照）。

✏️ チェックポイント

- ☐　毎月の役員報酬は定期同額給与に該当するか。
- ☐　役員賞与は事前確定届出給与の届出書に記載したとおりに支給しているか。
- ☐　役員給与に関する株主総会議事録または取締役会議事録は保存しているか。
- ☐　過大な役員給与はないか。
- ☐　同族会社の代表者の配偶者等で会社経営に従事しているが，肩書きが使
　　用人であるという理由で賞与を損金にしていないか。

⚠️ 留意点

　役員報酬の改定等に関する議事録（株主総会議事録や取締役会議事録）の保存
が必要です。特に，随時改定事由や業績悪化改定事由の場合は，議事録の保存
は重要です。業績悪化改定事由の場合，業績悪化を示す客観的な根拠資料も保
存します。

5−4　外注費

　外部の法人や個人と契約を締結し，業務の一部を委託した際の費用は「外注
費」として計上します。

✏️ チェックポイント

- ☐　外注費と給与の区分は適正か。
- ☐　契約書や請求書等の資料を保存しているか。
- ☐　源泉所得税の徴収が必要な業務委託契約については，源泉所得税の徴収
　　と納付を行っているか。

⚠️ 留意点

外注費（業務委託）か給与かは混同されやすいですが，いずれに該当するかに

より，所得税や消費税，社会保険に影響します。契約書や請求書などの書類も
きちんと保存します。

 Q & A　**外注費と給与の判断基準は？**

外注費か給与かの区分は，一般的に次の点が判断のポイントになります。

	外注費	給　与
契約形態	業務委託契約	雇用契約
時間的拘束	なし。一般的に成果物に対して報酬が支払われる	あり。作業時間が支払者に明確に決められている
支払者からの指揮監督	ないか弱い。具体的な作業方法等について支払者からの指示はないか弱い	強い。作業手順等について支払者からの指揮監督が細かくされる
専属性	なし。他にも取引先がある	あり。1社専属
業務に使用する経費の負担	外注先の自己負担。業務を受注した人が自ら負担	発注会社が負担。委託者が使用する道具等を費用負担して準備，提供する
報酬算定	成果物に応じて支払い 外注先が請求書を発行	時間に応じて支払い 会社側が支払明細作成

⚠ **留意点**

外注費が給与と認定されると以下のようなことが生じます。

① 源泉所得税の徴収漏れが発生する。

　　給与の場合，給与所得として源泉所得税の徴収が必要です。

② 消費税の追加支払いが発生する。

　　外注費は消費税の課税取引。一方で，給与は消費税のかからない取引で
す。そのため，外注費に係る消費税として仕入税額控除をしていた相当額
について追加で納税が発生します。

③ ペナルティ（延滞税，加算税等）の負担が生じる。

　　①や②の追加納税とともに延滞税や加算税等の負担も生じます。

5 – 5　交際費

　「交際費」は，交際費，接待費，機密費その他の費用で，法人が，その得意先，仕入先その他事業に関係のある者などに対する接待，供応，慰安，贈答その他これらに類する行為（以下「接待等」）のために支出するものをいい，損金になる金額に上限があります。

✏️ チェックポイント

- ☐　交際費以外の科目に税務上の交際費となる支出が含まれていないか。
- ☐　交際費に，本来は会議費や福利厚生費となるべき支出を含めていないか。
- ☐　5,000円以下の飲食費について，必要事項を記載した書類を保存したか。

⚠️ 留意点

　相手方を迎えに行くもの，相手方と同乗して飲食店に行くもの，接待後に相手方を自宅へ送るもの，接待をした側が帰宅するもの等，得意先を接待した際のタクシー代はすべて交際費です。

　旅費交通費に含めていて交際費と指摘を受け，交際費の損金算入限度額を超えると，過少申告となり，追徴となることもあります。

　また，ゴルフのプレー代は，法人の業務遂行に必要と認められるものは交際費等です。一方で，その他の場合は賞与と認定される可能性があるため，参加者や目的を保存しておくことが望ましいでしょう。

Q&A　交際費って経費になる上限があるの？

税務上，損金になる交際費の額は資本金の額に応じて次のとおりです。

税務上損金にならない部分の金額は，申告書上で所得に加算されます。

実は交際費は会議費などの科目としっかり区分されていない場合もあります。交際費になるのはどのような費用か，また税務上損金になる交際費の上限を確認しましょう。

資本金の額 ※1	損金算入限度額
100 億円超 ※2	交際費の全額が損金にならない
1 億円超 100 億円以下	交際費の額のうち，取引先との飲食等に係る費用 ※3 の 50％に相当する金額
1 億円以下 ※4	次のうち，いずれか有利な方を選択 ① 交際費の額のうち，取引先との飲食等に係る費用 ※3 の 50％に相当する金額 ② 交際費のうち年 800 万円まで（2024 年 3 月末までに開始する事業年度までは延長が決定 ※5）

※1　資本金（出資金）の額は期末時点の資本金の額により判定します。

※2　期末資本金等が100億円以下の法人で，通算法人との間に通算完全支配関係がある他の通算法人のうちいずれかの法人の適用年度終了日における資本金の額が100億円を超える場合の通算法人を含みます。

※3　専らその法人の役員もしくは従業員またはこれらの親族に対する接待等のために支出するものを除きます。

※4　期末資本金が 1 億円以下でも，資本金額 5 億円以上の法人の100％子会社等は除きます。

※5　税制改正で期限延長が続いており，2024年度税制改正でも延長が予定されています。最新情報をご確認下さい。

 Q & A　**交際費に含めなくてよい費用は？**

① 5,000 円以下の飲食費

取引先等の飲食費等の額が 1 人当たり 5,000 円以下の場合，次の内容を記載した書類を保存すれば，税務上交際費には該当しません。会議費等の科目で処理をします。

なお，2024 年度税制改正により，1 人当たり 5,000 円以下から 1 万円以下に引き上げられる予定です。最新情報をご確認ください。

【記載すべき事項】

ⅰ　飲食等のあった年月日

ⅱ　飲食等に参加した得意先，仕入先その他事業に関係のある者等の氏名又は名称及びその関係

ⅲ　飲食等に参加した者の数

ⅳ　飲食等に要した費用の額，飲食店等の名称および所在地（店舗がない等の理由で名称または所在地が明らかでないときは，

領収書等に記載された支払先の氏名または名称，住所等）

ⅴ　その他飲食等に要した費用であることを明らかにするため必
要な事項

通常，ⅰ・ⅳは領収証に記載されているため，ⅱ・ⅲを領収証に
追記することで対応できます。

②　その他の費用

上記の他，次の費用は交際費に含める必要がありません。

- 会議に関連して，お茶やお菓子，弁当その他の飲食物の費用と
して通常要する費用
- 専ら従業員の慰安のために行われる運動会，演芸会，旅行等の
ために通常要する費用

※通常要する費用がポイントです。不相当に高額な場合や役員の
みを対象としている場合等は，交際費や役員賞与等となるため
留意が必要です。

5－6　会費等

会費は支払内容，加入団体の性質等によって取扱いが異なるため，内容に応
じて諸会費，交際費，給与など適切な科目に計上します。

チェックポイント

☐　加入は法人会員か個人会員か。個人会員の場合は，法人会員制度がない
ため個人名で入会したものであり，かつ法人の業務に必要なものか。

留意点

①　ゴルフクラブ等について，法人会員として入会する場合の入会金は法人
の資産，個人会員の場合は個人に対する給与です。

②　○○工業倶楽部などの社交団体については，法人会員または個人会員かに
より，交際費等または給与（賞与）か取扱いが異なるため注意が必要です。

5－7　修繕費

固定資産の通常の維持管理のため，または毀損した固定資産について，その

原状を回復するために要した費用は「修繕費」となります。

 チェックポイント

☐　資産の価値を増加させるまたは使用可能年数を延ばす資本的支出を修繕
　　費として処理していないか。

⚠ **留意点**

　修繕費の名目でする支出であっても，固定資産の性能を向上させるための追
加で行う支出は資本的支出にあたり，原則として，資産計上が必要です。

　本来は資本的支出であり資産計上をすべき支出について修繕費として費用処理
をしていると，損金にならないとして否認され修正申告になる場合もあります。

Q&A　**修繕でも資産計上が必要な「資本的支出」とは？**

資本的支出と修繕費の具体例は次のとおりです。ポイントは，①使
用可能期間の延長にあたるか，②資産の価値増加にあたるかです。
【資本的支出の例】
・用途変更のための模様替え等の改造や改装に直接要した費用の額
・機械の部品を特に品質や性能の高いものに取り替えた場合の取
　替費用のうち，通常の取替えの場合にかかる費用を超える部分
　の金額　など
【修繕費の例】
・機械の移設費用　など
修理等の名称に関わらず，所有する固定資産について行った支出
で，次のいずれかに該当するものの額は，資本的支出にあたり，
損金になりません。なお，①と②両方に該当する場合は，多いほ
うの金額が損金になりません。
①支出金額のうち，その支出により，その資産の取得時において，
　通常の管理または修理をするとした場合に予想されるその資産
　の使用可能期間を延長させる部分に対応する金額
②支出金額のうち，その支出により，その資産の取得時において，
　通常の管理または修理をするものとした場合に予測される，その支
　出時におけるその資産の価額を増加させる部分に対応する金額

144

■修繕費と資本的支出の区分フローチャート

修繕費と資本的支出の区分は，次のフローチャートを参考に行います。

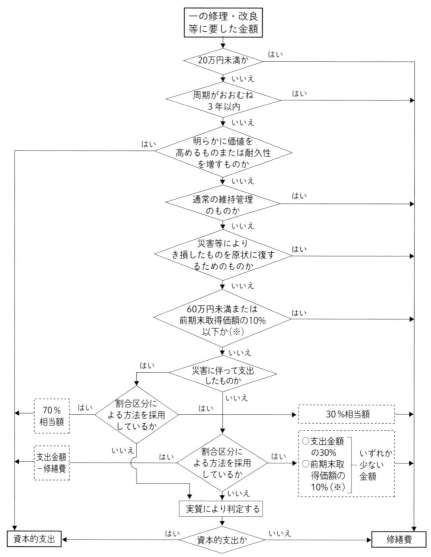

（※）「前期末取得価額」とは，原則として前事業年度末に有する固定資産の最初の取得価額に既往のその固定資産につき支出された資本的支出額を加算したものです。

（国税庁ウェブサイト　タックスアンサーを参考に，法人向けに著者加筆）

5 − 8　保険料

「保険料」は生命保険料と損害保険料に分類され，種類や解約返戻率によって税務上の取扱いが異なります。保険料として費用処理，保険積立金として資産計上，給与等の扱いになる場合があります。

チェックポイント

☐　資産計上が必要な保険料の支払いを保険料として費用処理していないか。

☐　給与として取り扱われる保険料は給与として処理しているか。

☐　損害保険料のうち，積立保険料部分は保険積立金等の資産に計上したか。

☐　損害保険料のうち，積立保険料以外の部分は，保険の期間に応じて費用にしているか。翌期以降の保険料を当期の経費にしていないか。

⚠ 留意点

給与等として扱われる場合で，対象が役員の場合，定期同額給与等の損金算入が認められる役員給与の要件に該当しなければ，役員賞与として扱われ損金にならないため留意が必要です。

5 − 9　租税公課

税金（租税）と公共団体へ納める会費や罰金など（公課）は，「租税公課」に計上します。一定の租税公課は損金になりません。

チェックポイント

☐　損金にならない租税公課は申告書で所得に加算しているか。

☐　損金になる租税公課は損金にしているか。

⚠ 留意点

租税公課の内容がわかるよう会計入力時に明確に内容を記載することにより，申告書での加算の漏れを防ぎます。

146

 Q&A 損金に算入されない租税公課とは？

- 法人税，法人都道府県民税，法人市町村民税
- 法人税額から控除する所得税や控除対象外国法人税の額　等
- 延滞税，過少申告・無申告加算税，不納付加算税，加算金および過怠税
- 地方税の延滞金（都道府県民税，市町村民税，事業税の納期限延長分は除く）
- 罰金や科料，過料　等

5 - 10　寄附金

　法人が「寄附金」を支出したときは，原則として一定額を超える金額は損金の額に算入されません。

　国または地方公共団体に対する寄附金および財務大臣が指定した寄附金の額は全額が損金になります。また，特定公益増進法人に対する寄附金の額は，一般の寄附金とは別枠で損金算入限度額があります。そのため，寄附金は国等に対する寄附金，特定公益増進法人に対する寄附金，一般の寄附金に区分する必要があります。

チェックポイント

- □　国等や指定寄附金，特定公益増進法人に対する寄附金の領収書を保存しているか。
- □　寄附金は支払日に費用計上しているか。
- □　子会社の経営を支援するために無利息貸付け等をしていないか（やむを得ず行われ，かつ相当な理由がある場合を除く）。

留意点

　国等に対する寄附金，指定寄附金，特定公益増進法人に対する寄附金の特例は申告書へ明細の記載と，領収書等の保存が必要です。

　なお，役員個人が負担すべき寄附金は役員給与（賞与）です。

5 - 11　受取配当金

　内国法人から受け取る剰余金の配当等のうち，一定の額は益金に算入されません。つまり，配当を受け取る法人の課税所得になりません。益金の額に算入されない配当等の額は，次のとおりです。

区　　分	益金不算入額
① 完全子法人株式（保有割合 100%）※ 1	配当等の額× 100%
② 関連法人株式（保有割合 1/3 超〜 100% 未満）※ 2	配当等の額－その配当等の額に係る利子の額相当額）× 100%
③ いずれにも該当しない株式等（保有割合 5% 超 1/3 以下）	配当等の額× 50%
④ 非支配目的株式等（保有割合 5% 以下）※ 3	配当等の額× 20%

※ 1　100％保有の判定は，配当等の計算期間（計算期間 1 年超の場合は，基準日等までの 1 年間）を通して 100％保有しているかで行います。

※ 2　1 / 3 超保有の判定は，配当等の計算期間（計算期間が 6 ヵ月超の場合は，基準日等までの 6 ヵ月間）を通して 1 / 3 超保有しているかで行います。

※ 3　5 ％以下保有の判定は，配当等の基準日において 5 ％以下保有しているかで行います。

チェックポイント

□　内国法人から受け取った配当は，区分に応じて益金不算入にしているか。

□　株式の異動（売買等）があった場合は特に区分の確認をしたか。

留意点

①　確定申告書等への明細の記載が必要です。

②　短期所有株式等は対象外です。

5 - 12　評価損

　法人が保有する資産について，「評価損」を計上しても原則として損金に算入されませんが，資産の価額が災害による著しい損傷や特定の事実に起因して帳簿価額を下回ったときは，その減少額を会計上費用または損失に計上すること

により，減額前の帳簿価額と期末の価額（時価）との差額は，損金に算入されます。

　損金に算入される場合の特定の事実は，資産の種類ごとにそれぞれ次のとおりです。

✏️ **チェックポイント**

- [ ] 評価損の計上が認められる特定の事実に該当するか。
- [ ] 評価損の額は会計上費用または損失として計上しているか。

棚卸資産（商品・製品等）	① 災害により著しく損傷したこと ② 著しく陳腐化したこと ③ 内国法人について会社更生法または金融機関の更生手続の特例等に関する法律の規定による更生計画の認可決定があったことにより，その法律の規定により，その資産につき評価換えをする必要が生じたこと ④ ①〜③に準ずる特別な事実が生じたこと 注：商品や製品等の時価が単に物価の変動，過剰生産等によって低下しただけでは，税務上評価損の計上はできません。
有価証券	① 市場価格があるもの…著しく低下し，近い将来回復の見込みがないこと ② ①以外の有価証券…発行法人の資産状況が著しく悪化したため価額が著しく低下したこと ③ すべての有価証券…①②に準ずる特別の事実があったこと 注：市場価格があるものでも株式等の保有割合が20%以上のものは②に含まれます。
固定資産	固定資産の評価損を計上できる特別な事実は次のとおりです。 ① 災害により著しく損傷したこと ② 1年以上にわたり遊休状態にあること ③ 本来の用途に使用することができないため他の用途に使用されたこと ④ 所在する場所の状況が著しく変化したこと ⑤ ①〜④に準ずる特別の事実があったこと 注：過度の使用または修理不十分による固定資産の著しい損傷，機械装置が製造方法の急速な進歩等により旧式化している場合は，耐用年数の短縮，増加償却，陳腐化一時償却等の計算を利用できる可能性があります。

第6章

申告と納付のToDo

決算書を作成した
「株式会社DXコネクトサービス」は、
次に申告と納付を行います。
法人税、法人住民税や事業税の申告内容、
さらに、この時期に行う業務や関連業務に
ついて確認しましょう。

■ 申告と納付の ToDo チェックリスト ■

No	申告・納付のタスク	期限・時期	✓
1	法人税等や消費税の納税資金の準備	早めに	
2	【外形課税標準対象法人】純支払利子，純支払賃借料等の集計	早めに	
3	【消費税が還付の場合】還付明細の作成		
4	法人税の申告と納付	事業年度 終了日の 翌日から2ヵ月 以内（原則）	
5	都道府県へ法人事業税・法人住民税の申告と納付		
6	市区町村へ法人住民税の申告と納付		
7	消費税の申告と納付		
8	【該当法人】事業所税の申告と納付		
9	仕訳帳の保存（P51）		
10	総勘定元帳の保存（P51）		
11	各種帳簿書類の保存（P51）		
12	電子取引の保存（4 電子帳簿保存法）		
13	【配当支払時】源泉所得税の納付	支払日の翌月 10 日	
14	【配当支払時】支払調書（合計表）の提出	支払確定日又は 支払った日から 1 ヵ月以内	
15	【必要な場合】法人税等法人事業税，法人住民税の中間納付	事業年度開始日 から6ヵ月を 経過した日から 2ヵ月以内	
16	【必要な場合】消費税等の中間納付	P164 参照	

1 法人税等の申告と納付

スズキ社長

法人税は，どれくらい納める必要がありますか。
赤字でも納税が必要でしょうか？

ケイコ税理士

税務署へ法人税を納める他，
法人住民税などの地方税があります。
赤字でも法人住民税の均等割の納付は必要です。

1 - 1 　決算後に申告・納付する法人税等

　法人は原則として決算日から 2 ヵ月以内に法人税等の申告と納付を行います（申告期限の延長については，第 5 章 1 - 2 参照）。法人が決算後に申告と納付をする法人税等は次のとおりです。

　参考までに，法人税，地方法人税，法人事業税，法人住民税を合計した税率は約30％です。

税金の種類	申告先	申告と納税が必要な者
法人税	所轄税務署	すべての法人（欠損の場合は納税なし）
地方法人税	所轄税務署	すべての法人（欠損の場合は納税なし）
法人事業税	都道府県税事務所	すべての法人（欠損の場合，外形標準課税対象法人は付加価値割や資本割の納付あり）
法人住民税	都道府県税事務所・市区町村	すべての法人（欠損の場合，均等割の納付あり）

　法人は状況に応じて法人税等のほかに消費税等や事業所税の申告と納付が必要です。スタートアップは，資金繰りに余裕がない場合も少なくありません。早

めに納税資金を準備しておきましょう。

1－2　法人税

　法人税は，法人の所得に対して課税される国税で，次のとおり計算します。

計算方法
　　①　各事業年度の所得の金額（課税標準）× 税率 = 法人税額
　　②　①法人税額 − 税額控除額 = 差引所得に対する法人税額

各事業年度の所得の金額（課税標準）	× 税率 =	法人税額	▲税額控除額
			差引所得に対する法人税額

税　率

区　　分			開始事業年度
			2022.4.1 以降
普通法人	資本金1億円以下の法人など ※1	年800万円以下の部分　下記以外の法人	15 %
		年800万円以下の部分　適用除外事業者	19 % ※2
		年800万円超の部分	23.2 %
	上記以外の普通法人		23.2 %

※1　対象法人は，各事業年度終了時において資本金（出資金）の額が1億円以下であるものまたは資本（出資）を有しないもの（特定の医療法人を除く）です。ただし，各事業年度終了時に一定の法人に該当するものについては，除かれます。

※2　適用除外事業者（その事業年度開始の日前3年以内に終了した各事業年度の所得金額の年平均額が15億円を超える法人等をいう。2022年4月1日以後に開始する事業年度においては，通算制度における適用除外事業者を含む）に該当する法人の年800万円以下の部分については，19%の税率が適用されます。

Q & A **法人は赤字でも税金がかかるの？**

法人には，所得に対して課される税金と，所得に関わりなく課される税金があります。法人税や事業税の所得割，法人住民税の法人税割は所得がゼロまたはマイナスの場合，納税額はゼロです。

一方で，所得に関わりなく税額が計算される，法人住民税の均等割は所得がゼロまたはマイナスでも納税が必要です。その他，資本金が 1 億円超の法人は資本割等の納付，特定の都市に所在する法人は事業所税の納付があります。

1－3　地方法人税

地方法人税は，地方交付税の財源を確保することを趣旨として2014年度税制改正で創設された国の税金です。

計算方法：課税標準法人税額×税率

税　　率：10.3％（2023年10月時点）

1－4　法人事業税

法人事業税は，法人が行う事業に対して課される地方税です。事務所等が所在する都道府県に納めます。資本金 1 億円以下の法人は所得割を納付します。資本金が 1 億円超の法人は外形標準課税対象法人といい，所得割，資本割，付加価値割を納めます。

なお，2024年度税制改正により，資本金 1 億円以下の法人でも一定の場合は，外形標準課税の対象となる予定です。最新情報をご確認ください。

計算方法：資本金 1 億円以下の法人 … 所得割を納付

所得金額×税率

資本金 1 億円超の法人 …… 所得割，資本割，付加価値割を納付

① 所得割　　　　　所得金額×税率

② 資本割　　　　　資本金等の額×税率

③ 付加価値割

｜(報酬給与額＋純支払利子＋純支払賃借料）±単年度損益｜×税率

外形標準課税対象法人の場合は，純支払利子や純支払賃借料などの集計が必要です。細かくルールがあるため，必ず自治体のウェブサイトなどで確認しましょう。

税　　率：地方公共団体や年度により異なるため自治体のウェブサイトで確認します。

1－5　法人住民税

　法人住民税は，地域社会の費用について，その構成員である法人にも，個人と同様に幅広く負担を求めるものです。都道府県民税と市町村民税があり，事務所等が所在する都道府県および市町村に納めます。

　均等割と法人税割があり，均等割は赤字でも納税が必要です。

Q&A　均等割と法人税割って何？

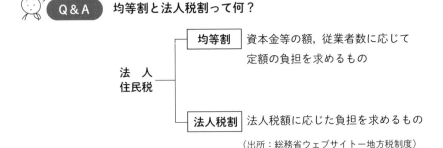

（出所：総務省ウェブサイト－地方税制度）

1－6　赤字の場合は？

① 赤字の場合はどうなるか

　課税所得がマイナスの場合で下記②の要件を満たす場合は，繰越欠損金として翌年度以後に繰り越し，翌事業年度以降の課税所得が生じた年度にその課税所得から差し引くことができます。なお，赤字でも均等割等の納税はあります。

②　青色欠損金の繰越控除を受けるための要件

　青色欠損金の繰越控除を受けるためには，次のすべての要件を満たす必要があります。

　i　青色申告書を提出した事業年度に生じた欠損金であること

　ii　欠損金が生じた事業年度以後，連続して確定申告書を提出していること

　iii　繰越控除される欠損金額は，各事業年度開始の日前10年以内に開始した事業年度において生じた欠損金額であること（すでに過年度に控除した欠損金額や繰戻し還付の対象となった欠損金額は除く）

　なお，資本金が1億円を超える法人は中小法人等に該当しないため50％の控除限度額があります。

　ただし，資本金1億円を超えるスタートアップについて，新設法人等に該当する場合，一定期間，所得の全額まで損金算入できます。

　なお，上場等の場合，以後の事業年度は対象外となります。

■ **中小法人等における青色欠損金の繰越控除（例）**

（百万円）

```
        X4/3/31期              X5/3/31期
                         ┌─────────────┐
                         │       200   │
                         │             │  ┌ ─ ─ ─ ─ ─ ─ ─ ─ ─ ─ ─ ─ ┐
                         │             │   X5/3/31期の所得2億円
 ──────┌──────────┐──────┘             │   から青色欠損金▲1億円
        │  ▲100   │                    │   を控除した1億円に課税
        └──────────┘           ▲100    └ ─ ─ ─ ─ ─ ─ ─ ─ ─ ─ ─ ─ ┘
            └──────────────────→

                         100 → 課税所得
```

1-7　青色欠損金の繰戻し還付

　一定の要件を満たす場合は，青色申告の確定申告書を提出する事業年度に欠損金額が生じた場合において，その欠損金額をその事業年度開始の日前1年以内に開始したいずれかの事業年度に繰り戻して法人税額の還付を請求することができます。この場合，繰戻し対象となった欠損金額は，その後の事業年度で欠損金の繰越控除を行うことはできません。

2 | 消費税の申告と納付

スズキ社長

株式会社DXコネクトサービスは，インボイス発行事業者の
登録をしているから，消費税の申告と納付も必要ですか？

ケイコ税理士

はい，原則として事業年度（課税期間）終了日の翌日から
2ヵ月以内に消費税の申告と納付を行う必要があります。

2－1　消費税の申告・納付とは？

　消費税の申告・納付は，原則法人税と同様に事業年度（課税期間）終了日の翌日から2ヵ月以内に行います。

　法人税の申告期限延長の特例の適用を受けている法人は，「消費税申告期限延長届出書」を提出することにより，消費税の確定申告期限を1ヵ月延長できます。

　ただし，納付期限は延長されないため，事業年度終了日から2ヵ月以内に見込額を納付し，延滞税が課されることを避けます。

　なお，確定税額が見込税額を上回った場合は，不足額について延滞税がかかります。

税金の種類	申告先	申告と納税が必要な者
消費税及び地方消費税	所轄税務署	消費税の課税事業者

2 − 2　計算・税率

　消費税の計算は，「原則課税」の場合と「簡易課税」の場合で異なります。それぞれの計算方法は次のとおりです（第 2 章も参照）。

・原則課税

　課税売上げに係る消費税額−課税仕入れに係る消費税額（一定の調整がある場合あり）＝納付する消費税額

・簡易課税

　課税売上げに係る消費税額 −（課税売上げに係る消費税額×みなし仕入率）＝納付する消費税額（みなし仕入率は業種別に40〜90%）

　税　率：標準税率：10 %（消費税率7.8 %，地方消費税率2.2%）

　　　　　軽減税率： 8 %（消費税率6.24 %，地方消費税率1.76 %）

2 − 3　消費税申告書

　原則課税と簡易課税の場合で，申告書の様式が異なります。また，消費税には，国税である消費税と地方税である地方消費税がありますが，1 つの申告書であわせて所轄税務署に申告します。

2 − 4　還付明細

　控除不足税額がある場合は，「消費税の還付申告に関する明細書」を添付して提出します。スタートアップ初期は，売上に比して投資やコストが多く，還付になるケースもあります。そのような場合に作成が必要です。

3 | 事業所税の申告と納付

スズキ社長

株式会社DXコネクトサービスは
事業所税を納める必要はありますか？

ケイコ税理士

現在の状況だと必要ありませんね。
将来的に申告と納付が必要になる可能性はありますから
概要を説明しますね。

　事業所税は，特定の都市において，都市環境の整備や改善に関する事業に要する費用に充てるため，事務所・事業所において事業を行う方に対して課税される目的税です。課税標準は，事業所床面積に対する「資産割」と，従業者給与総額に対する「従業者割」があり，事業年度終了の日の翌日から2ヵ月以内に市区町村（東京都23区の場合は都税事務所）へ申告・納付をします。

　なお，一定の規模以下の場合は事業所税が免除されます。税率や免税点は，各自治体のウェブサイトで確認します。なお，免税点以下の場合でも申告は必要な場合があります。スタートアップの初期は事業所税の対象とならないケースが多いですが，拡大過程で対象となるケースもあります。

税金の種類	申告先	申告と納税が必要な者
事業所税	市区町村（都税事務所）	指定された大都市で，一定の面積以上の事業所等を有する事業者　等

 Q&A　**非課税明細書への記入で注意することは？**

従業員のための福利厚生施設などは非課税とされています。申告時に，非課税明細書へ記入するとともに，課税標準に含めて過大申告とならないようにしましょう。

4 ｜ 電子帳簿保存法

スズキ社長

DX コネクトサービスも電子帳簿保存法への
対応は必要ですか？

ケイコ税理士

電子帳簿保存法は，3 つの制度に区分されます。そのうち，電子
取引データの保存は義務のため対応が必要ですね。対応を怠ると
青色申告の承認が取り消される可能性もあるとされています。

4 - 1　帳簿書類の保存

　法人は，帳簿書類の保存義務があるため法定の保存期間にわたり保存します
（**p51**参照）。その際，電子帳簿保存法のルールも守る必要があります。

4 - 2　電子帳簿保存法って何？

　電子帳簿保存法（電子計算機を使用して作成する国税関係帳簿書類の保存方法等
の特例に関する法律）は，国税に関する帳簿や書類について電子データで保存す
る際のルールを規定した法律で，次の 3 つに区分されます。

　なお，①電子取引は義務のため，真っ先に取り組むべき内容です。

①　電子取引（義務）

　メールやインターネットを介してやり取りした取引情報に係るデータを電磁
的記録で保存する義務です。受け取った場合だけでなく，送った場合にも保存
する必要があります。

②　スキャナ保存（任意）

　取引関係書類を一定の条件下で画像データ化して保存できます。

③ 電子帳簿・電子書類（任意）

　パソコンを使用して帳簿や取引書類を作成し，一定の条件下で電磁的記録で保存できます。一定の範囲の帳簿を優良な電子帳簿の要件を満たして電子データで保存している場合，あらかじめ届出書を提出していれば，後にその電子帳簿に関連する過少申告が判明しても過少申告加算税が軽減されます。

4－3　電子取引って何？

　取引情報のやり取りを電磁的な方式により行う取引をいいます。取引情報とは，取引に関して受領し，または交付する注文書，契約書，送り状，領収書，見積書その他これらに準ずる書類に通常記載される事項とされています

 Q&A　電子取引の例としてはどんなものがある？

- 電子請求書や電子領収書のやり取りに係るクラウドサービスの利用
- 電子メールにより請求書や領収書等のデータ（PDF 等）の受領
- 注文情報が記載されているメール本文
- ウェブサイトから請求書や領収書等のデータをダウンロード

4－4　電子取引の保存方法は？

　電子取引を保存する際は，原則として次の 4 つの要件を満たす必要があります。
① システム概要に関する書類の備え付け（自社開発プログラムの場合）
② 見読可能装置の備付け等…データ確認用のディスプレイやプリンタの準備
③ 検索機能の確保…指定された条件で検索できること
④ データの真実性を確保する措置…次の 4 つのいずれかの措置をします。
- タイプスタンプが付与されたデータを受領する。
- 速やかに（またはその業務の処理に係る通常の期間を経過した後，速やかに）タイムスタンプを付与する。
- データの訂正削除を行った場合にその記録が残るシステムまたは訂正削除ができないシステムを利用して授受および保存する。
- 訂正削除の防止に関する事務処理規程を備え付ける。

Q&A　具体的にはどう保存しておくといい？

【ケース 1】電子メールに添付された請求書の保存例

1. 請求書データ（PDF）のファイル名に，規則性をもって内容表示する。

　　例：2023 年 9 月 30 日に A 社から受領した 11,000 円の請求書
　　　　「20230930_A 社 _11000」
　　　　ファイル名は，「取引年月日その他の日付」「取引先」「取引金額」を含めて，統一した順序で入力します。

2.「取引の相手先」や「各月」など任意のフォルダに格納して保存する。

3.「電子取引データの訂正及び削除の防止に関する事務処理規程」を作成し，備え付ける。

※上記 1 の代わりに索引簿を作成し，索引簿を使用して請求書等のデータを検索する方法もあります。

※上記 3 の規定の書式や索引簿の様式は，国税庁ウェブサイトからダウンロードできます。

※判定期間（法人は前々事業年度）の売上高が 5,000 万円以下の場合は，1 の検索性を確保するための措置は不要です。

【ケース 2】請求書や領収書等を電子的に受け取った場合の保存例

　電子的に（データで）受領した請求書等は，データのまま保存しなければならないこととされており，上記，データの真実性を確保する措置の 4 つのいずれかを満たす必要があります。

　また，事後的な確認のため，検索できるような状態で保存すること，ディスプレイ等の備付けも必要となります。

 Q&A　電子取引保存の要件を満たさなかったら？

電子取引の電子データ保存に対応していないことが税務調査等で明らかになった場合，青色申告の承認を取り消される可能性があります。

5 │ 配当を支払う際の手続き

スズキ社長

配当を支払う場合は何か手続きが必要ですか？

ケイコ税理士

配当を支払う際は，所得税等の源泉徴収・
納付と配当支払調書の提出が必要です。

5-1 配当の支払い

　利益剰余金について，法人が株主に配当を行う場合は所定の手続きが必要です。
なお，配当ができる金額は会社法で決められた配当可能限度額内の金額です。
　配当金額は，定款の規定に基づき株主総会の決議等で決定されます。配当金
額決定後，所得税および復興特別所得税の源泉徴収税額を差し引いた後の金額
を株主に支払います。会社は配当金支払明細書，支払調書を発行し，この書類
に配当金の総額と源泉徴収税額等を記載します。

5-2 所得税等の源泉徴収と配当支払調書の提出

　配当について源泉徴収した所得税等の額は，原則として支払日の翌月10日ま
でに納付します。
　配当を実施した法人は，「配当，剰余金の分配，金銭の分配及び基金利息の支
払調書（同合計表）」を支払確定日または支払った日から1ヵ月以内に所轄税務
署に提出します。

6 役員の任期満了時にすること

スズキ社長

役員の任期が満了する場合，何か手続きは必要ですか？

ケイコ税理士

役員の任期が満了する場合，
役員変更登記を忘れずに行いましょう。
役員に変更がない場合も重任登記は必要です。

　役員の任期が満了する場合，役員変更の登記を忘れずに行いましょう。役員に変更がない場合でも，次の任期も続けて役員に就任するという重任登記が必要です。

 Q&A　**役員変更登記を忘れてしまったらどうなるの？**

　会社法では「変更が生じてから2週間以内」に登記申請を行うというルールがあります。
　期限を過ぎてから変更登記申請をすると登記懈怠(けたい)扱いとなり，ペナルティを課せられる可能性があります。注意しましょう。

7 中間納付

スズキ社長

2期目以降の申告と納付で気をつけることはありますか？

ケイコ税理士

2期目以降は，中間納付が必要な場合があります。
資金繰り計画時には，中間納付も考慮して計画を立てましょう。

　前事業年度の税額等により次の事業年度の中途において中間納付が必要な場合があります。法人税等と消費税等では，中間納付の制度に相違があります。

　いずれも中間申告書を提出すべき法人が，その期限までに提出しない場合には，前期（直前課税期間）の実績による申告書の提出があったものとみなされ，その金額を納付します。

7－1　法人税等の中間納付

　事業年度が6ヵ月を超える場合，その事業年度開始の日以降6ヵ月を経過した日から2ヵ月以内に法人税等，法人事業税，法人住民税の中間申告をする必要があります。

　中間申告の方法は，①前期の実績による申告（予定申告）と②仮決算をした場合の申告（中間申告）があり，それぞれ次のとおりです。

①　前期の実績による申告（予定申告）

　前期の法人税額等の6ヵ月換算額を納付。税額計算が容易というメリットがあります。なお，計算結果が10万円以下の法人は予定申告および納付は不要です。

② 　仮決算をした場合の申告（中間申告）

　事業年度開始から 6 ヵ月間を 1 事業年度とみなして仮決算を行い所得金額および納税額を算出し，申告納付を行います。

　なお，①予定申告 ＜ ②中間申告の場合，②中間申告を行うことはできません。また，新設法人（合併設立を除く）は中間申告書の提出義務はありません。

 Q&A　**当期業績が大幅に減少している時はどうする？**

　　　　　　　前期は業績が好調で当期は業績が大幅に下がっている場合，予定申告による中間納付をすると，納税資金が負担になり，資金繰りが厳しくなるケースもあります。そのような場合は，中間申告を検討しましょう。

7 − 2　消費税等の中間納付

　前年度の消費税額（国税）の年税額が48万円以上の場合，予定申告が必要です。前年度の消費税額（国税）の年税額に応じて，申告回数と各回の納付額は次のとおりです。中間納付を行う際には，消費税（国税）と合わせて地方消費税も一緒に納付をします。

　なお，法人税の場合と同様に，仮決算により申告納付を行うことも可能ですが，還付を受けることはできません。

直税の課税期間の確定消費税額（国税）	中間申告の回数	中間納付税額
48 万円以下	原則申告不要	−
48 万円超 400 万円以下	年 1 回	直前の課税期間の確定消費税額の6/12 ※ 1, 2
400 万円超 4,800 万円以下	年 3 回	直前の課税期間の確定消費税額の3/12 ※ 1, 2
4,800 万円超	年 11 回	直前の課税期間の確定消費税額の1/12 ※ 1, 2

166

（※1） 確定消費税額とは，中間申告対象期間の末日までに確定した消費税の年税額です（地方消費税は含みません）。

（※2） 直前の課税期間が12ヵ月に満たない場合，計算方法が異なります。

第 7 章

こんな場合どうする？
必要に応じて行う ToDo

期中の業務から決算・申告まで一通り学んだスズキ社長。
役員との取引がある場合やその他必要に応じて行う業務のポイント
について学びます。

1 | 役員との取引がある場合は？

スズキ社長

役員給与以外に法人が役員と行う取引で気をつける点は
ありますか？

ケイコ税理士

はい，注意が必要な取引のうち，代表的なものを
紹介しますね。

法人が役員と行う取引は，税務の面からも特に留意が必要です。役員給与の
ように適切な取引を行わないと，税務上の損金にならない場合もあります（第
3章参照）。

1－1　役員個人に貸付けを行った場合

役員に対する貸付けは行わないほうがよいことは言うまでもありません。し
かし，法人が役員個人に対する貸付けを行った場合，適正な金利で貸付利息を
徴収します。

無利息や低金利で貸付けを行った場合は，給与として課税されます。

1－2　代表取締役が住所変更をした場合

代表取締役の住所は登記されているため，代表取締役が住所変更をした場合
は，変更登記が必要になります。税務署への異動届を提出します。

1−3 中小企業が役員退職金を支給する場合

役員退職金は，支給額が不相当に高額な場合を除き，損金に算入されますが，業績連動給与に該当するものは，業績連動給与の要件を満たす必要があります。

業績連動給与は，算定方法の内容を有価証券報告書へ記載することなどが要件となります。そのため，有価証券報告書を作成しない中小企業にとっては，要件を満たすことができません。中小企業が支給する役員退職金は，役員給与で業績連動給与に該当しない退職給与である必要があります。

中小企業が役員退職給与の適正額を計算する場合，「功績倍率法」を用いて計算する方法が一般的です。

ただし，功績倍率法で計算したとしても，不相当に高額な場合は税務上，否認される可能性があります。不相当に高額かは，同業種かつ規模が類似する法人における役員退職金の相場と比較することなどにより判断されます。

 Q&A　「功績倍率法」ってどんな計算方法なの？

功績倍率法は，退職の直前に支給した給与額を基礎として，その役員の業務に従事した期間（勤続年数）と役員の職責に応じて定められた倍率（功績倍率）を乗じて退職給与額を算定する方法です。

最終月額報酬×勤続年数×功績倍率＝役員退職金の目安

最終月額報酬とは，退職の直前に支給した給与の額で，功績倍率は社長，副社長，専務等の役位により異なります。税法上，明確な倍率は定められていません。功績倍率は，役員退職金規程に明記して保存をします。

1−4 役員退職金の損金算入時期

役員退職金は職務執行の対価として支給するため，会社法の規定に基づき株主総会の決議等が必要です。原則として法人が役員に退職金を支払うという債務が確定する株主総会等の決議の日の事業年度に損金になります。

ただし，実際に役員退職金を支払った日の事業年度に費用として計上した場合は，支払日の事業年度の損金にすることも認められます。

170

✎ チェックポイント

- ☐ 実際に退職の事実はあるか。
- ☐ 役員退職金規程は整備されているか。
- ☐ 株主総会等で決議され，議事録を作成し保管しているか。
- ☐ 役員退職金の金額が不相当に高額ではないか。
- ☐ 役員退職金は税務上適正な時期に損金にしているか。

2 ｜ 事業所等を増設した場合

スズキ社長

株式会社 DX コネクトサービスが，福岡オフィスを
増設する場合，税務上はどのような影響がありますか？

ケイコ税理士

まず，届出が必要ですね。
申告と納付にも影響があります。

2 - 1　事業所等を増設した場合の手続き

　本店とは別に，営業所等の事務所または事業所（事業所等）を新設した場合，
その事務所等が所在する都道府県や市区町村へ届を提出します。

2 - 2　事業所等が 2 ヵ所以上ある場合の税金

　法人住民税や法人事業税は，事業所等を有する法人に，その事業所等が所在
する都道府県税事務所などが課税します。そのため，法人の事業所等が 2 以上
の地方団体にある場合，分割基準（従業者数等）により課税標準額を課税団体ご
とに分割して，分割された課税標準額に対して各都道府県税事務所などが課税
します。

　また，法人住民税の均等割は，事務所等が所在する地方団体が増える分だけ
税負担が増えます。

```
┌─────────────────────────────────────────────────┐
│      D 社の課税標準（＝法人税額）100 万円          │
└─────────────────────────────────────────────────┘

┌ ─ ─ ─ ─ ─ ─ ─ ─ ─ ─ ─ ─ ─ ─ ─ ─ ─ ─ ─ ─ ─ ─ ─ ─ ┐
       分割基準に従って課税標準を分割
  （法人住民税法人税割における分割基準は「従業者数」）
└ ─ ─ ─ ─ ─ ─ ─ ─ ─ ─ ─ ─ ─ ─ ─ ─ ─ ─ ─ ─ ─ ─ ─ ─ ┘
```

A 県　15 人 課税標準　30 万円 100 万円 × 15/50 人	B 県　35 人 課税標準　70 万円 100 万円 × 35/50 人
×A 県の税率 ＝A 県の法人税割	×B 県の税率 ＝B 県の法人税割

（総務省ウェブサイトを参考に著者作成）

 Q&A　増設した際に必要な届け出や申告を忘れたら？

事務所または事業所を増設したにも関わらず，増設した自治体へ申告を行っていないと申告漏れとなり，本税の他ペナルティを納付しなければなりません。

3 │ 新たに人材を採用する場合

スズキ社長

株式会社DXコネクトサービスのさらなる拡大に向けて
開発をサポートしてくれる正社員を採用しますが，
どんな手続きが必要でしょうか？

ケイコ税理士

労働条件の提示や雇用契約書の締結のほか，
税務や社会保険の手続きが必要です。

　スタートアップは，人の入れ替わりもよく起こります。大切な従業員の雇用
にあたり，税務，社会保険関係について行うべき手続きをToDoリストにまと
めます。

3－1　税金関係の To Do リスト

　新入社員の採用時には，種々の書類を提出してもらいます。

To Do	時　期
マイナンバーの確認	入社後すぐに
入社年分の扶養控除等（異動）申告書の記載	入社後すぐに
（前職がある場合）源泉徴収票の預かり	なるべく早く
（必要な場合）住民税の「給与所得者異動届出書」または「特別徴収切替届出（依頼）書」	入社後すぐに市区町村へ提出
通勤手当非課税額の確認	すぐに
【自社計算の場合】給与計算ソフトへ基本情報登録	なるべく早く

3－2　社会保険関係の To Do リスト

	To Do	時　期	提出先
社会保険	労働者名簿の作成（P91）	速やかに	会社保存
	標準報酬月額の確認		
	「健康保険・厚生年金保険被保険者資格取得届」	雇用日から5日以内	年金事務所または健康保険組合
	（扶養親族がいる場合）「健康保険被扶養者（異動）届」		
	（被扶養者の配偶者がいる場合）「国民年金第3号被保険者関係届」		
雇用保険	「雇用保険被保険者資格取得届」	雇用日の翌月10日まで	公共職業安定所（ハローワーク）

4 ｜ 従業員が退職する場合

スズキ社長

株式会社 DX コネクトサービスの社員が退職することになりました。退職届は受け取りましたが，他に何をしたらよいでしょうか。

ケイコ税理士

従業員が退職するときは，税金や社会保険の面からいくつか行わなければならないことや注意して欲しいポイントがあります。そのほか，本人が希望するときは，退職証明書の発行などの対応をします。

　従業員が退職する際は，退職に伴う手続きが必要です。退職日は，就業規則で 1 ヵ月以上前に申し出るように規定されていることが多いようです。

　従業員が退職する際の手続きに関して，税金，社会保険に分けて To Do リストにまとめます。期限にも注意して進めましょう。

4 − 1　税金関係の To Do リスト

To Do	時　期
最終月の給与から住民税を控除 （退職時期によって徴収する住民税の扱いが異なる）	最終給与計算
支給する退職金を計算（所得税も計算）	退職金の支払 前まで
退職者から「退職所得の受給に関する申告書」を受け取り，保存 （税務署等から求められた場合は開示等しなければならない重要書類）	
給与所得の源泉徴収票を交付	
退職所得の源泉徴収票を交付	
住民税の「特別徴収に係る給与所得者異動届出書」を提出	遅くとも異動日 の翌月 10 日

4-2　社会保険関係の To Do リスト

　退職に伴う社会保険関係の手続きは次のとおりです。期限が短いため注意が必要です。

	To Do	提出期限	提出先
社会保険	「健康保険・厚生年金保険被保険者資格喪失届」の作成	退職日翌日から5日以内に提出	年金事務所または健康保険組合
	本人と扶養家族の健康保険者証を回収	上記と一緒に提出	
雇用保険	「雇用保険被保険者資格喪失届」の作成	退職日翌日から10日以内に提出	公共職業安定所（ハローワーク）
	「雇用保険被保険者離職証明書」の作成	上記と一緒に提出	

　「雇用保険被保険者離職証明書」は退職者が離職証明書の交付を希望しない場合を除き，作成します。

　添付資料として，離職の日以前の給与状況などを確認できる資料（賃金台帳，労働者名簿，出勤簿など），離職理由を確認できる資料が必要です。

 Q&A　退職金の手続きで損しないポイントはありますか？

　「退職所得の受給に関する申告書」は必ず受領し保存しましょう。退職金は，「退職所得の受給に関する申告書」を提出している場合と提出していない場合で，税額計算等が異なります。提出がある場合は退職所得控除があり，また課税退職所得金額に応じた税率で源泉徴収します。

　一方，提出がない場合は退職金の収入金額に 20.42% の税額で源泉徴収します。「退職所得の受給に関する申告書」の提出がないにも関わらず，提出がある場合の税額計算をしていると，会社は源泉所得税の徴収漏れになりペナルティがかかるケースもあります。

第8章

スタートアップ経営者が
気になる
「節税」と「税務調査」の話

基礎について一通り学んだスズキ社長は，
一般的な節税策についても学びます。
税務調査や修正申告，ペナルティ等に
ついても理解しておきましょう。

1 スタートアップのための節税対策

スズキ社長

株式会社DXコネクトサービスでも使える節税策はありますか？
今後のためにも知っておきたいです。

ケイコ税理士

節税策の中には資金流出を伴うものも少なくないため，資金繰りには，十分注意はしてくださいね。節税策として有効な項目をピックアップしますので，参考にしてください。

1 - 1　そもそも「節税」って何？

　辞書で，「節税」を調べてみると，「各種の所得控除や非課税制度を活用して，税金の軽減をはかること」とあります（『広辞苑』（岩波書店））。

　節税は，税法等で定められたルールに則って納税額を減少させることで，法令に適合し，法令の範囲内で行う限りは納税者に認められた権利であるといえます。一方で，法令違反の場合は罰則だけではなく，コンプライアンス違反として社会的信用を失うことにもなります。

 Q&A　**「申告漏れ」と「脱税」はどう違うの？**

　　　　　「申告漏れ」は，計算誤りや申告書の記載誤りなどのミスにより，本来申告すべき所得よりも過少に申告してしまうことです。申告漏れが判明した場合，延滞税や過少申告加算税などの罰金がかかります。
　　　　　「脱税」は，故意に納税額を減少させることです。脱税の場合は，過少申告加算税よりさらに重い重加算税が課され，延滞税もかかります。

1-2　出張旅費日当

　業務上の出張を行う場合，個人に日当を支給して「旅費交通費」として経費計上します。日当額は役職等に応じて設定している場合が多いです。

　（法人税）　出張旅費規程に記載された日当の支給で，その金額が世間相場等と比較して不相当に高額でない場合は，法人の経費になります。

　（消費税）　国内の出張旅費日当の額に含まれる消費税相当額の仕入税額控除をします。なお，インボイス制度では仕入税額控除のために原則としてインボイスの保存が必要ですが，出張旅費日当の場合，一定の事項を記載した帳簿の保存により仕入税額控除が認められます。

　（所得税等）　基本的に出張旅費日当は非課税とされ，個人所得税や住民税は課されません。

📝 チェックポイント

　□　出張旅費規程を作成・保存し，規程に記載された日当を支給しているか。

　□　日当は同業種や世間相場，会社規模を勘案して不相当に高額ではないか。

⚠ 留意点

　同業種と比較して高額な場合や会社規模に見合わない高額な日当は，法人の経費として認められない可能性が高くなります。日当の設定の根拠となった資料や日誌，レポートなども証拠書類として保存します。

1-3　役員社宅

　法人名義で不動産賃貸借契約を締結または物件を購入し，法人が家賃や購入代金の支払いをして，役員に対し社宅を貸与する場合，役員から1ヵ月当たり一定額の家賃（「賃貸料相当額」）を受け取っていれば，給与課税されません。つまり，役員社宅とし，家賃の内，減少した個人負担相当分の役員報酬を減少させることにより，所得税や住民税，社会保険料の負担が減少します。

　賃貸料相当額の計算は専門家に相談するとよいでしょう。

法人税　賃貸の場合は支払う家賃，購入の場合は減価償却費等，が法人の経費になります。役員から徴収した家賃は，雑収入等として収益計上します。

消費税　消費税の課税事業者（原則課税）の場合，購入した建物に対する消費税額は仕入税額控除ができます。

チェックポイント

- □　不動産賃貸借契約等の契約は法人名義か。
- □　役員から一定金額以上の家賃（賃貸料相当額）を徴収しているか。

留意点

法人が社宅として家屋を購入する場合は資金が必要です。また，リスクの考慮も必要です。

1 - 4 【中小企業向け特例】少額減価償却資産

要件を満たす中小企業者が期日までに使用を開始した取得価額が10万円以上30万円未満の資産は，一定の要件下で使用を開始した事業年度に全額を損金にできます（第5章参照）。

チェックポイント

- □　中小企業特例の適用要件（第5章参照）に該当するか。
- □　取得価額の合計は事業年度合計300万円以下か（1年未満の場合は月割）。
- □　取得価額の判定単位は適切か。
- □　取得価額は会計上，消耗品費等として費用に計上しているか。
- □　申告書に別表を添付したか。

留意点

償却資産税の申告対象になります。

1 - 5　特別償却・税額控除

　要件に当てはまる場合の優遇措置として特別償却と税額控除があります。特別償却は，通常の減価償却費とは別枠で特別な償却ができる制度で，減価償却費が早期にたくさん計上できます。

　税額控除は，法人税額から税額を控除することができる制度で，納付する法人税額をその分だけ減少させることができますが，税制改正により適用できる制度が変化するため，国税庁ウェブサイトなどで最新情報を確認しましょう。

 留意点

① 　特別償却か税額控除は，どちらか一方のみの適用です。
② 　基本的に中古資産は対象になりません。
③ 　決算日までに使用を開始している必要があり，購入後決算日までに使用を開始していない場合は適用できません。

Q&A　**特別償却 or 税額控除どちらを選ぶ？**

特別償却は，費用の早期計上です。資産の取得から除却や売却までの合計期間のトータル費用は特別償却がない場合と比べて変わりません。一方で，税額控除は減価償却費の計算には影響がありません。ただし，税額控除分だけ特別償却や通常の減価償却をした際に比べて税額が減少します。利益が出ている場合は，基本的には税額控除を選択する場合が多いです。

1 - 6　中古車

　中古車は新車の耐用年数よりも短いため，早期に費用計上ができます。留意点も含めて検討します（本章コラム参照）。

182

1-7　除　却

　当期に処分した資産は，資産に計上されている帳簿価額を固定資産除却損に
振り替えて損失計上します。償却資産申告時も減少資産として，1月1日時点
で所有していない旨を忘れずに記載します。

(法人税)　原則として除却損は固定資産を処分した事業年度の損金になります。

(償却資産税)　償却資産税は申告納税方式のため，償却資産申告時に減少資産
　　　　　　　として申告しないと，実際には所有していないにもかかわらず，
　　　　　　　課税されるため注意します。

チェックポイント

　□　処分をした固定資産は，固定資産除却損として損失計上したか。
　□　償却資産税申告時に，処分済みの資産は減少資産として記載したか。

1-8　貸倒引当金の繰入

　金銭債権の回収不能リスクに備えて貸倒れリスクに応じて貸倒引当金を設定
します（第5章参照）。一定の要件下で，貸倒引当金繰入額を当期の損金にでき
ます。

留意点

　前期に設定した貸倒引当金は戻入として当期の益金になります。

1-9　短期前払費用

　前払費用は一定の契約に基づいて継続的に役務の提供を受けるために支出し
た費用のうち，当期末時点でまだ提供を受けていない役務に対応するものをい
います。
　原則として，前払費用の額は支払事業年度ではなく，役務提供を受けた事業
年度の損金になります。ただし一定の要件を満たす場合は，特例として支払っ
た事業年度の損金にできます。

　具体的には，前払費用の額でその支払日から1年以内に提供を受ける役務に係るものの場合，その支払額相当額を継続して支払った事業年度の損金にしているときは認められます。例えば，一般的にはシステムのリース料，不動産賃借料が該当します。

⚠ 留意点

　単発で支払うものは対象になりません。また，株式運用に係る借入金利子など収益と費用を対応させる必要がある場合も対象外です。

　なお，この特例は継続して適用することが大前提であり，元々は事務負担の簡略化を趣旨としている特例です。そのため，利益操作に用いられる場合など，課税上弊害があるものについてまで認められるものではありません。

📝 チェックポイント

- ☐　一定の契約に従って継続的にサービス提供を受けるものか。
- ☐　翌期以降の収益と対応関係をもつ性質の費用ではないか。
- ☐　継続して支払った事業年度の損金にしているか。
- ☐　期末までに現に対価を支払っているか。

1 − 10　消耗品

　消耗品等は，実際に使用した日の事業年度の損金になります。そのため期末時点で未使用の分は，原則として資産計上し当期の損金にはなりません。

　ただし，重要性の原則から一定の要件を満たすものは，取得日の事業年度の損金にすることが認められています。

⚠ 留意点

　化粧箱入り製品の化粧箱などは，製品の最終形態の一部を形成する容器などで製品原価を構成する補助原材料であって包装材料とはいえないため，在庫計上をする必要があります。また，期末に大量に購入した広告宣伝用印刷物などは在庫計上を行わなければなりません。

チェックポイント

- ☐ 事務用消耗品，作業用消耗品，包装材料，広告宣伝用印刷物，見本品など適用対象となる棚卸資産か。
- ☐ 毎期おおむね一定量を取得し，経常的に消費するものか。
- ☐ 継続して取得日の事業年度の損金にしているか。

1 - 11　費用の早期計上

　費用によっては，計上時期が選択できるものがあります。例えば，固定資産税や労働保険などです。労働保険は，6月決算法人の場合，6月に申告書を提出すれば概算保険料のうち事業主負担分等を早期に経費化できます。

Q & A　固定資産税の損金算入時期は？

　税金の徴収方法には，申告納税方式，賦課課税方式などの方式があります。申告納税方式は納税者が自ら納めるべき金額を計算して納税し，賦課課税方式は国や地方公共団体が，納めるべき金額を計算して納税者に通知します。

　不動産取得税，自動車税，固定資産税，都市計画税などは賦課課税方式によります。賦課課税方式による租税の損金算入時期は賦課決定のあった事業年度となります。

　ただし，納期の開始の日の属する事業年度または実際に納付した日の属する事業年度において損金経理をした場合には，その損金経理をした事業年度となります。

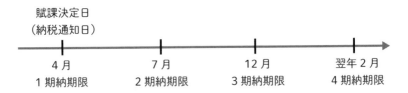

※自治体により納付期限等が異なることがあります。
※分割納付の他，一括納付も可能です。

　固定資産税は，4回の分割で納付することも多く，支払日に租税公課として費用に計上し，支払った事業年度の損金にしている場合もあります。しかし，税務上は納税通知書が届いた日の属する事業年度の損金にできます。決算月によっては，所得金額に影響します。例えば，12月決算の場合，翌年2月支払（4期）分を未払金に計上することで，費用の早期計上が可能になります。

1－12　交際費と会議費等との適切な区分

　交際費の損金算入額は上限があるため，交際費か会議費等か適切に区分することにより所得金額が減る場合もあります。取引先等の飲食費等の額が1人あたり5,000円以下で一定の内容を記載した書類を保存する場合，税務上の交際費に該当しないため適切に区分します（第5章参照）。

1－13　経営セーフティ共済

　「経営セーフティ共済」は，取引先が倒産した際に中小企業が連鎖倒産や経営難に陥ることを防ぐための制度で，国が全額出資する独立行政法人中小企業基盤整備機構（（独）中小機構）が運営しています。

　無担保・無保証人で掛金の最高10倍（上限8,000万円）まで借入れが可能です。掛金は月5,000円～20万円まで選択でき，増額や減額ができます。

法人税　掛金は法人の損金になります。前納制度を使えば1年分まとめて損金算入できます。解約時は返戻額が雑収入として法人の益金になります。そのため退職金の支払時など解約時期に注意が必要です。

チェックポイント　法人税の確定申告書に明細書を添付する。

⚠ 留意点

① 積立上限は800万円までです。
② 解約手当金は雑収入として課税所得になります。
③ 40ヵ月以上の掛金の支払いで，解約返戻率が100％になります。

1 - 14　小規模企業共済

　「小規模企業共済」は，（独）中小機構が運営しています。事業主が事業を廃業または会社役員が退任した場合に共済金を退職金として受け取ることができます。事業資金の貸付金制度もあります。

　月々の掛金は1,000円～70,000円の範囲で，増減が可能です。

所得税

掛金払込時：掛金全額が個人の所得控除の対象です。つまり，掛金×税率相当の所得税が減額できます。

共済金受取時：共済金等を受け取る方法により取扱いが異なります。共済金等の受取り方法は，①一括受取り，②分割受取り，③一括受取りと分割受取りの併用（要件有）の3種類です。

①　一括受取りの場合…共済金を一括で受け取る場合は「退職所得」です。

②　分割受取りの場合…「公的年金等の雑所得」扱いとなり，給与所得の場合等と比べて税額負担が抑えられます。

　なお，65歳未満の方が任意解約をする場合などは「一時所得」です。

　従業員の数が一定の規模以下の会社役員等が加入対象なので，詳細は（独）中小機構のウェブサイトを確認してください。

⚠ 留意点

①　払込期間が20年未満で任意解約の場合は元本割れになるなど留意が必要です。

②　65歳以上でも15年以上掛金を納付しないと給付を受けられないほか，共済金の給付には要件があります。

③　小規模企業共済は個人で加入のため掛金は法人の経費にはなりません。

Q&A　**小規模企業共済掛金は経費になる？**

　小規模企業共済制度は個人加入であり，掛金も個人で負担すべきもので法人の経費になりません。個人所得税では掛金分の所得控除があります。

1 - 15　電子契約

　従来は書面で行っていた契約書の締結に代えて，ウェブ上で契約書の締結が完了する電子契約を利用すると，製本や発送にかかる手間やコストを削減でき，また印紙税を節税できます。

　ただし，契約締結サービス等の利用料が発生するので，契約書締結の頻度とサービス利用料等を総合的に勘案して導入要否や導入時期を検討しましょう。

 Q&A　**電子契約書で節税できる？**

　　　書面で課税文書にあたる契約も，ウェブ上で契約を締結する電子契約の場合には，印紙税は課税されません。契約の締結などが多く，印紙税が多額になりそうな場合には，クラウド型の契約締結サービスを利用すると印紙税が削減できます。

1 - 16　節税策チェックポイント

　「節税」と一口に言っても内容は様々です。本当に節税と言えるのか疑問があるものもあり，資金流出を伴うものも少なくないため，慎重な判断が求められます。そのためにも，判断の基礎となる税の基本的な知識を持ち，否認された場合のリスク（ペナルティ）についても十分な理解が必要です。

　例えば，検討時は次の点に留意します。

チェックポイント

- □　資金流出を伴わないか。
- □　現時点の納税を減少されるものであっても，将来の納税を増加させるもの（課税の繰延べ）ではないか。
- □　税法に準拠しているか。その根拠は明確か。
- □　税法以外も含めコンプライアンス違反にならないか。
- □　金融商品販売業者等やコンサルタント会社等からの提案の場合，その事業者のビジネスモデルとスキームを十分理解したか。

188

Columu　中古車節税のしくみとは？

　中古資産は法定耐用年数ではなく，その資産の使用可能期間として見積もられる年数を用いることができます。また，使用可能期間の見積りが困難なときは，簡便法により算定した年数によることができます。

　車の耐用年数は，次の通りです。

	新車の場合	中古車（簡便法）の場合
普通自動車	6 年	新車の耐用年数 − 経過年数
軽自動車	4 年	＋経過年数 × 0.2　※

※ 1 年未満の端数は切り捨て，年数が 2 年以下になる場合は 2 年
※ 経過年数が耐用年数を超えている場合　法定耐用年数 × 0.2

■ 新車と経過年数 4 年の中古車（簡便法）の償却費の比較

前提：普通自動車（法定耐用年数 6 年），取得価額300万円

　　　償却方法　定率法，期首に取得し，期中を通じて事業用に使用

年	新車の場合の償却額	中古車の償却額
1	999,000	2,999,999
2	666,333	–
3	444,444	–
4	297,334	-
5	297,334	-
6	295,554	-
計	2,999,999	2,999,999

> 4 年落ちの中古車は，簡便法の耐用年数 2 年となり償却率は1.0のため，期首に取得すると，備忘価額の 1 円を残してほぼ全額が当期の経費になります。

⚠ 留意点

① 期の途中で取得した場合は，月割りになる！

② 資本的支出をした場合は，簡便法を使えない場合がある！

③ キャッシュアウトはある，またメンテナンス費用にも注意！

2 | 税務調査

スズキ社長

税務調査はどんな流れで行われるんでしょうか？
また，どんな法人にどれ位の周期で行われますか？

ケイコ税理士

税務調査のキホンを説明しますね。

2－1　税務調査の意義と一般的な流れ

　税務調査は，法人の所得や税額が適正か，国税庁，国税局や税務署の職員などが調べるものです。書類の提示や提出を求められたり，取引内容について質問を受けることもあります。調査には任意調査と強制調査がありますが，本書では多くのケースである任意調査について解説します。

〈税務調査の一般的な流れ〉

調査開始前：事前通知

実地調査

調査結果に応じた手続き 申告内容に 誤りがない場合：更正決定等をすべきと認められない旨の通知 誤りがあると認められた場合：調査結果の説明，修正申告の勧奨等 → 修正申告等 または 更正決定等

更正決定等に異義がある場合等：異議申立て審査請求等

190

 Q&A　**事前通知なしの調査がされる場合**

事前通知を行わずに税務調査が実施される場合があります。それは事前に通知を行うことで，違法または不当な行為を容易にし，「正確な課税標準等または税額等の把握を困難にするおそれがあるとき」または「調査の適正な遂行に支障を及ぼすおそれがあると認められるとき」です。

2－2　調査対象法人の選定と調査の周期

　税務調査の対象法人は，法人税申告書その他の情報を基に選定されます。

　実施調査の選定は，会社規模，業績や過去の調査実績等さらにはその年度の調査重点業種にあたるか等も考慮されます。

　調査の周期は一律に何年に一度などのルールはありません。目安として，税務署所轄の取引規模の大きな法人は3～5年周期，取引規模の小さな法人等は10年に一度とも言われています。

2－3　反面調査

　取引先等への質問検査等，いわゆる反面調査が行われることがあります。反面調査は税務調査の目的を達成するため，必要がある場合に，調査対象となった法人の取引先および金融機関（取引先等）に対して質問検査等を行うことです。言うまでもなく，法人にとって取引先等からの信用は重要です。

3 ｜ 納税にまつわるペナルティ（附帯税）

スズキ社長

期限までに申告や納付が
間に合わなかったらどうなりますか？

ケイコ税理士

状況に応じてペナルティが課せられます。
どういう場合にどのようなペナルティが課せられるか
説明しますね。

3 - 1　ペナルティには何がある？

　納税額に不足がある場合や無申告の場合は「附帯税」といい，ペナルティが課せられます。附帯税は，納付税額が不足している場合における行政上の制裁措置としての「加算税」と，法定納期限から遅延した期間に対する利息としての「延滞税」および「利子税」に区分されます。

附帯税	内　容
延滞税	法定納期限までに納付しなかったことに対する遅延利息に相当するもの。利率は年によって異なり，国税庁ウェブサイトで公表されています。
利子税	申告期限の延長が認められた期間内に課される約定利息に相当するもの。利率は年によって異なり，国税庁ウェブサイトで公表されています。
加算税	①　過少申告加算税（法人税，消費税等申告納税方式による国税） 期限内申告書に記載した金額が過少であるため修正申告書を提出する場合，または更正があった場合等には増加する税額部分について過少申告加算税が課されます。

② 無申告加算税（申告納税方式による国税）
期限後申告書の提出または更正があった場合等には，納付税額に対して無申告加算税が課されます。
③ 不納付加算税（源泉徴収による国税）
源泉徴収税額を法定納期限までに納付しなかった場合等には不納付加算税が課されます。
④ 重加算税
国税の計算の基礎となる事実を隠蔽または仮装があった場合に，重加算税が課されます

3－2 加算税の割合

各加算税の割合や加算税が課せられない場合は次のとおりです。

名称	課税割合（増差本税に対する）
過少申告加算税	10% 期限内申告税額 と 50万円のいずれか多い金額を超える部分 15%
無申告加算税	15% 50万円超の部分 20%
不納付加算税	10%
重加算税	（過少申告加算税，不納付加算税に代えて） 35% （無申告加算税に代えて） 40%

　一定の場合は，加算税が課されない，または割合が加減算される場合があります。

第 9 章

資本政策・出口戦略（EXIT）

時に困難がありながらもスズキ社長とともに成長した株式会社 DX コネクトサービス。

スタートアップ企業に関連の深いトピックとして，出口戦略（EXIT）があります。

本章では，資本政策や出口戦略（EXIT）についてポイントを絞って学びます。

1 資本政策

スズキ社長

株式会社DXコネクトサービスのさらなる成長のために
ほかに知っておいた方がよいことはありますか？

ケイコ税理士

そうですね，スタートアップにおいて資本政策は
重要なので，説明しますね。

1-1 スタートアップの資本政策

　未上場会社における資本政策とは，会社が事業を行い，成長に伴い必要な資金を調達，株主構成の適正化等のために行う新株の発行や株式移動等の施策をいいます。主な資本政策として次のものがあります。

資本政策	内　容
株主割当増資	既存の株主に対して，持株比率に応じて株式を割り当てる増資です。通常，持株比率に影響を与えません。
第三者割当増資	特定の第三者に有償で株式を割り当てる増資です。既存の持株比率に影響を与えることがあるため，留意が必要です。
新株予約権	権利行使により，株式の交付を受けることができます。
ストック・オプション	新株予約権の一種で，株式会社の役員や従業員等があらかじめ定められた金額で，会社の株式を取得できる権利です。
株式譲渡・贈与	既存株主から株式を売却または贈与することです。譲渡制限株式の場合，定款に従い株主総会承認等の手続きをします。

| 株式分割 | 既発行の株式を細分化して，株式数を増加します。1 株当たりの株価が減少します。 |
| 従業員持株会 | 従業員持株会は，従業員が自社の株式を取得するにあたり会社が拠出金を給与から控除したり，奨励金などの便宜を与えることにより従業員が自社株式を取得しやすくする制度です。福利厚生や経営への参加意識の向上を目的としています。 |

1－2　ストック・オプションって何？

　新株予約権の一種で，株式会社の役員や従業員等があらかじめ定められた金額（権利行使価格）で会社の株式を取得できる権利で，主に役員や従業員に対して報酬として付与します。

　権利を付与された役員や従業員は，権利行使として定められた期間内で，株価が上昇した時点でストック・オプションの権利を行使し，権利行使価格で株式を購入できます。

　株価が権利行使価格よりも高い時に売却すれば，売却額と権利行使価格の差額分の利益を得ることができるという報酬制度です。権利を付与された役員や従業員にとっては，業績が向上し株価が上昇すれば，自ら得られる報酬額が増加するためインセンティブとなります。

　なお，ストック・オプションの発行には既存株主の同意が必要です。また，ストック・オプションは一度付与してしまうと，あらかじめ定めた条件に該当しない限り強制的に権利を喪失できないため，十分留意します。

1－3　ストック・オプションの税務上の取扱い

　ストック・オプションの税務上の取扱いは，税制適格要件を満たすか否か等により取扱いが大きく変わるため留意が必要です。

①　税制適格ストック・オプションの要件を満たす場合

　勤務先から譲渡制限の付されたストック・オプション（税制適格）を無償で取得した役員等は，そのストック・オプションを付与された時および権利を行使

した時には課税されず，株式を売却した時に「譲渡所得」として課税されます。

（例）1株10万円の価値の株式を2万円で購入し，1株17万円で売却した場合，1株当たり15（17-2）万円が譲渡所得となり，売却年分の所得として課税されます。

② 税制非適格ストック・オプションの場合

税制適格ストック・オプションの要件を満たさない場合は，税制非適格ストック・オプションとして取り扱われ，内容により取扱いが変わります。

〈無償・有利発行型の場合〉

勤務先から譲渡制限の付されたストック・オプション（税制非適格ストック・オプション）を無償で取得した役員等は，権利を行使して株式を購入した時点で，その時の株式の時価と権利行使価格の差額は「給与所得」として課税されます。その後，取得した株式を売却した時に譲渡価格と権利行使時の時価との差額は「譲渡所得」として課税されます。

以下，国税庁「ストックオプションに対する課税（Q&A）」の例を使って解説します。

（例）発行会社の株価等は次のとおりとします。
- ストック・オプションの付与時　　　：200
- ストック・オプションの行使時　　　：800（権利行使価格200）
- 権利行使により取得した株式の譲渡時：1,000

i　付与時は課税なし。

ii　権利行使時は，800の価値のあるものを200で取得したとして差額600が経済的利益として取り扱われ，その差額は「給与所得」になります。なお，発行会社はこの給与所得に対して源泉徴収する必要があります。

iii　ストック・オプションで取得した株式を売却して得た利益は「譲渡所得」として課税されます。このケースでは，200（1,000-800）が譲渡所得です。

〈有償型の場合〉

勤務先から適正な時価で譲渡制限の付されたストック・オプションを取得している役員等は，権利を行使して取得した株式の売却時に「譲渡所得」として課税されます。

この他，信託型などがあります。

■税制適格と税制非適格ストック・オプション（無償・有利発行型）の比較

税制適格ストック・オプションと税制非適格ストック・オプション（無償・有利発行型）の違いは次のとおりです。

	税制適格	税制非適格（無償・有利発行※1）
付与時	課税なし	課税なし
権利行使時	課税なし	「給与所得」として課税 最大税率55%（所得税45%，住民税10%）※2
取得株式を譲渡した時	「譲渡所得」として課税 20%（所得税15%，住民税 5%）※2	「譲渡所得」として課税 20%（所得税 15%，住民税 5%）※2
特徴	権利行使時に給与所得課税は，生じません。	権利行使時に給与所得課税（最大税率 55%）が生じます。
留意点	－税法上の税制適格要件を満たす必要があります。 －ストック・オプション発行日の属する年の翌年1月末までに，税務署に書類を提出する必要があります。	－発行会社は，給与所得に対して，源泉所得税の徴収が必要です。 －権利行使時の給与所得に係る源泉税分の納税資金に留意が必要です。

※1　この他，有償型や信託型などがあり，それぞれ取扱いが異なります。
※2　2037年までは基準所得税の2.1%の復興特別所得税が課されます。

1－4　従業員持株会

従業員持株会を設立し，従業員が会員となります。持株会会員の給与等から拠出金を天引きして自社株式を共同購入し，会員は拠出額に応じた割合で配当金等を受け取ります。役員持株会や取引先持株会などもあります。

従業員の退職時の買取価格の取扱い等を従業員持株会の規約の中に明記するなど，規約を整備しておく必要があります。

2 | スタートアップ企業の出口戦略（EXIT）

スズキ社長

スタートアップのEXITについて知っておいた方が
よいことはありますか？

ケイコ税理士

スタートアップ企業における代表的なEXITであるIPOと
M&Aについて概要を説明しますね。

　出口戦略（EXIT）とは，創業者やVC（ベンチャーキャピタル）など未上場会社の株主がその保有する株式を現金化して投資の利益を回収することの総称です。スタートアップ企業における出口戦略の代表は，IPO（Initial Public Offering：新規株式公開）とM&A（Mergers and Acquisitions：合併・買収）です。
　一般的に，法人の進む道や顛末は次のとおりです。

① IPO（Initial Public Offering：新規株式公開）

　株式市場への新規上場準備にあたっては，一般的に証券会社や監査法人等への費用として数千万円の費用が必要になります。また，内部統制，社内体制の整備やコンプライアンス体制の構築等の時間とコストも必要です。

② M&A（Mergers and Acquisitions：合併・買収）

　M&Aとは，合併や企業買収をいい，事業譲渡，株式譲渡，株式交換，合併，分割などの方法により，会社の支配権を他に移します。IPOが3年程度の期間を要するのに対し，M&Aは買手が見つかりさえすれば，IPOよりも短い期間で現金化できます。
　この他にも，非上場会社として，事業を継続したり，廃業・清算したりするケースもあります。実際にEXITする場合は，最新の法令を確認しながら，専門家に相談することをお勧めします。

おわりに

　情報が錯綜する現代社会だからこそ，スタートアップ経営者に寄り添い，ベースとなる正しい知識を届けたいという想いから，本書の執筆は始まりました。

　いつでもインターネットにアクセスし，「何らかの答え」が得られる現代。けれど，そこにある答えは常に正しいとは限りません。正しいかどうかを判断するには，どうすればよいのでしょうか？

　それは，「基礎を知ること」です。税務の世界では前提が変われば結論が変わることもあります。

　税の原則を知り，特例を知る。コンプライアンスや基礎を学び，節税や応用を知る。スタートアップ企業にとってもそれらが大事だと考えています。

　一度学んだ基礎知識は，重要な税制改正など必要に応じてアップデートすることで，生涯ビジネスライフに役立つでしょう。

　生成AIなどのテクノロジーは日々進化し，次々に新しい技術が誕生しています。そういったツールをうまく活用すれば，ビジネスにとって追い風になるでしょう。

　スタートアップ企業の税金をテーマに，関連する業務についても取り上げました。本書が読者の皆さまのビジネスに役立つことを願い，皆さまの挑戦を心より応援しています。

税理士

油谷　景子

【参考文献】

『Q&A　中小企業の電子取引サポートブック［インボイス対応版］』（佐久間裕幸，ぎょうせい）

『新版 一問一答 税理士が知っておきたい登記手続き』（丸山洋一郎，清文社）

『税理士のための税務調査ガイドブック』（酒井克彦（監修），東京税理士会業務対策部（編著），税務経理協会）

【著者紹介】

油谷　景子（あぶたに　けいこ）

税理士

油谷景子税理士事務所代表。平均年齢60歳以上の税理士業界では若手。業界歴は15年以上。
個人事務所，東京・名古屋の四大税理士法人勤務ののち，ゼロから独立。

法人・個人の税務顧問，申告書作成，相続などの資産税の他コンサルティング，税務や周辺
知識に関する記事のライティングやセミナー等を行う。クラウド会計や新しいツール・テク
ノロジーを積極的に活用し，SNSや動画でも情報発信中。

事務所HP：https://tax-mgt.com

Xアカウント：@keiko_taxmgt

YouTube：税理士YouTubeスクール【ビジネスとまなび】@keiko_tax

◆本書のお問い合わせについて◆

本書のお問い合わせは，お名前・ご住所・ご連絡先等を記載し，書名・該当ページを明記
のうえ，文章にて下記へお寄せください。お電話でのお問い合わせはお受けできません。

〒101-0051　東京都千代田区神田神保町1-35　FAX 03-3291-5127

E-mail　info@chuokeizai.co.jp　㈱中央経済社編集部「税金To Doリスト」係

スタートアップ企業の税金To Doリスト

2024年3月1日　第1版第1刷発行

著　者　油　谷　景　子
発行者　山　本　　　継
発行所　㈱　中　央　経　済　社
発売元　㈱中央経済グループ
　　　　パ ブ リ ッ シ ン グ

〒101-0051　東京都千代田区神田神保町1-35
電話　03 (3293) 3371 (編集代表)
　　　03 (3293) 3381 (営業代表)
https://www.chuokeizai.co.jp
印刷／文唱堂印刷㈱
製本／㈲井上製本所

©2024
Printed in Japan